El arte de aprovechar nuestras faltas

Ediciones Palabra
Madrid

Título original: *L´art d´utiliser ses fautes: d´après saint François de Sales*

© José Tissot, 2025
© Ediciones Palabra, S.A., 2025
   Ronda del Caballero de la Mancha, 59 – 28034 Madrid
   Telf.: (34) 91 350 77 20 – (34) 91 350 77 39
   www.palabra.es
   palabra@palabra.es
© Traducción: Manuel Morera

Diseño de cubierta: Equipo editorial
ISBN: 978-84-1368-501-4
Depósito Legal: M-21620-2025
Printed in Spain – Impreso en España

José Tissot

El arte de aprovechar nuestras faltas

Albor

PRÓLOGO A LA SEXTA EDICIÓN FRANCESA

Para mí es una gran satisfacción ver que se publica en un pequeño libro la sexta edición de El arte de aprovechar nuestras faltas. De esta manera tendrá una mayor difusión y podrá hacer en mayor número de almas el bien que hasta ahora, gracias a Dios, ya ha hecho.

Estos alentadores consejos del Doctor de la piedad no sólo se dirigen a los que ya son piadosos o a los que quieren serlo, sino que también los pecadores se conmueven oyendo a San Francisco de Sales referir las invenciones de la misericordia divina para hacerles más fácil la conversión; el amor lleno de compasión con que persigue a los pródigos; la acogida paternal que les espera a su regreso; los favores con que premia su arrepentimiento. Hasta los corazones más duros se ablandan ante la esperanza de volver a ocupar su puesto en el hogar del Padre de familia.

Alguien ha dicho que quienquiera que, después de una falta, medita algunas líneas de esta obra encuentra en ellas, con la ayuda del Salvador, la gracia para levantarse de nuevo. Además, El arte de aprovechar nuestras faltas ayuda a detestarlas y a evitarlas. Admirando la bondad divina que las perdona con tanta generosidad, que las repara con tanta liberalidad, se siente nacer un afecto más íntimo hacia un Dios tan bueno, que experimenta un dolor más amoroso por haberle contristado, y se comprenden bien aquellas palabras que, a nuestro juicio, son el mejor elogio de este libro: «inspira la resolución de no pecar más».

En esta edición no hemos querido abreviar el texto de las precedentes. Por el contrario, hemos añadido algunas citas y lo hemos dividido en capítulos y números, para hacer más fácil la lectura.

Sólo nos queda repetir la súplica que dirigíamos al Corazón de Jesús cuando le consagrábamos por primera vez este pequeño trabajo, hace ya dieciséis años. Que este adorable Corazón se digne bendecirlo y utilizarlo para su gloria, haciendo que produzca frutos de conversión en los pecadores y de perseverancia y perfección en los justos.

Annecy, primer viernes de abril de 1894.

JOSÉ TISSOT,
Misionero de San Francisco de Sales

PRIMERA PARTE

Capítulo I

NO NOS ASOMBREN NUESTRAS FALTAS

1. Es, al mismo tiempo, honra y tormento del hombre que ha caído el no poder acostumbrarse a sus faltas. Es como un príncipe destronado, sin ningún prestigio, por culpa de sus primeros padres; pero en el fondo de su alma conserva siempre el recuerdo de la nobleza de su origen y de la inocencia que tendría que ser su patrimonio. Apenas puede contener una exclamación de sorpresa en sus caídas, como si le hubiera ocurrido una desgracia inmerecida.

Se diría que era Sansón, agotadas sus fuerzas por la mano malvada que le cortó los cabellos. Le gritaron los filisteos: «¡Levántate sobre ti!» Él se levantó, creyendo que, como otras veces, derribaría a sus enemigos; pero las fuerzas de otros tiempos le habían abandonado (cfr. *Jue* 16, 20).

Por muy noble que este sentimiento sea en nosotros, sus resultados son nefastos y hay que combatirlo. Como veremos muy pronto, el desaliento es la pérdida del alma; pero no podrá invadirnos, si el asombro que sigue a la falta no le abre el camino. Contra este peligro nos va a prevenir San Francisco de Sales.

Igual que otros eminentes doctores y otros sabios lúcidos, el bienaventurado Obispo siempre se enternecía a la vista de las flaquezas del hombre. «Miseria humana, miseria humana —repetía—, ¡hasta qué punto estamos rodeados de debilidades!... ¿Qué se puede esperar de nosotros, sino caídas?» Todas sus palabras y todos sus escritos muestran que desde la cumbre de la santidad a que había llegado veía con especial claridad, sondeando con mirada profunda el abismo de miserias y de flaquezas que el pecado original había cavado en nosotros. Su espíritu abierto no lo olvidaba, al tratar a las almas que acudían a su dirección espiritual, y no se cansaba de recordarles su condición frágil. «Vivís —escribía a una señora— con mil imperfecciones, según me decís. Es verdad, hermana mía; pero ¿no tratáis sin descanso hacerlas morir? Es cosa cierta que, mientras vivimos oprimidos por este cuerpo tan pesado y corruptible, siempre habrá en nosotros algo que vacile.»

En otro lugar decía: «Os quejáis de que en vuestra vida se entremezclan muchas imperfecciones y defectos, contrariando el deseo que tenéis de perfección de pureza en el amor de Dios. Os respondo que no es posible desasirnos del todo de nosotros mismos hasta que Dios nos lleve al Cielo; no llevaremos cosa de gran valor mientras tengamos que cargar con el peso de nosotros mismos. ¿No es regla general que nadie habrá tan santo en esta vida que no esté siempre sujeto a imperfecciones?»[1].

---

[1] Sermón para el primer Domingo de Cuaresma.

2. En efecto, la fe nos enseña que las malas inclinaciones permanecen en nosotros, por lo menos en germen, hasta la muerte, y nadie puede, sin privilegio especial, como el que la Iglesia reconoce en la Virgen María, evitar todos los pecados veniales, al menos los no deliberados. En la práctica, nos olvidamos con frecuencia de esta doble tesis, y será bueno que veamos cómo la desarrolla nuestro Santo, con su sencillo lenguaje:

«No pensemos que, mientras estemos en esta vida, podremos vivir sin imperfecciones, porque esto no es posible, ya seamos superiores o inferiores, puesto que todos somos hombres; y todos necesitamos estar persuadidos de esta verdad, para así no asombrarnos de vernos todos sujetos a imperfecciones. Nuestro Señor nos mandó decir todos los días en el Padrenuestro: *Perdónanos nuestras deudas, así como nosotros perdonamos a nuestros deudores.* Y no hay excepción para este mandato, porque todos tenemos necesidad de hacer esta súplica»[2].

«El amor propio puede ser modificado en nosotros, pero no por eso muere jamás; así, de vez en cuando, en ocasiones diversas, vuelve a echar brotes, que demuestran que, aunque está cortado por la base, no está desarraigado. A veces no se mueve, pero no debemos extrañarnos de encontrarlo vivo. Como el zorro, aparenta estar dormido alguna vez, pero de repente salta sobre las gallinas; por eso es necesario vigilarlo con constancia y defendernos de sus asaltos con suavidad

---

[2] Plática XVI. *De las Aversiones.*

y paciencia. Y si alguna vez nos hiere, estaremos curados si nos desdecimos de lo que nos ha hecho decir o deshacemos lo que nos ha hecho hacer»[3]. Pero estaremos curados sólo temporalmente, hasta que se declaren nuevas enfermedades, porque «hasta que nos veamos en el Paraíso»[4], añade nuestro Santo, y mientras dure esta vida, por grande que sea nuestra buena voluntad «es necesario tener paciencia, pues somos de naturaleza humana y no angélica»[5] y debemos resignarnos a vivir, según la expresión de un ilustre asceta, como incurables espirituales.

3. Principalmente a las almas que comienzan a dar los primeros pasos en el camino de la perfección, San Francisco de Sales les inculca el conocimiento práctico de su flaqueza. Ellas son las que, por inexperiencia, con mayor facilidad se desconciertan cuando han caído en una falta, con las consecuencias funestas de este desconcierto. Perturbarse y desalentarse cuando uno cae en el pecado es no conocerse a sí mismo.

Veamos con cuánta gracia nuestro bienaventurado Doctor reprende e instruye a esas almas:

«Tenéis todavía, me decís, muy vivo y delicado el sentimiento para sufrir las injurias. Pero, hija mía, ese *todavía* ¿a qué se refiere? ¿Habéis ya derrotado a muchos enemigos de esa clase?»[6].

«No es posible que tan pronto seáis dueña y señora de vuestra alma, como si la tuvierais to-

---

[3] Carta 333; colec. Blaise.
[4] Plática XX. *De la Pretensión religiosa.*
[5] Carta 428.
[6] Carta a una señorita, 847, edic. Mayer.

talmente en vuestra mano. Contentaos con ir ganando, poco a poco, alguna pequeña ventaja sobre vuestro defecto dominante»[7].

«Nuestra imperfección nos acompañará hasta el sepulcro. No podemos caminar sin tocar el suelo. Es preciso no caer y no enlodarse, pero tampoco hay que pensar en volar, porque somos polluelos y todavía no tenemos alas»[8].

«Las flechas que vuelan a lo alto (*Salm* 90, 6) son las esperanzas vanas y las presunciones que, al principio de su conversión, ciertas almas deseosas de la perfección tienen de llegar pronto a la santidad. Se figuran que van a llegar a ser muy pronto nada menos que unas Teresa de Jesús o Santa Catalina de Siena, o de Génova. Esto está muy bien, pero decidme: ¿Cuánto tiempo pensáis emplear en llegar a ello? —Tres meses; menos, si es posible. —Hacéis bien en decir *si es posible*, porque de otro modo podríais equivocaros»[9].

«San Pablo fue purificado en un instante, con purificación perfecta, como lo fueron también Santa Catalina de Génova, Santa Magdalena, Santa Pelagia y algunos otros santos; pero esta clase de purificación es totalmente milagrosa, y tan extraordinaria en el orden de la gracia, como la resurrección de los cuerpos lo es en el orden de la naturaleza; por lo tanto, no debemos pretenderla. La purificación y curación ordinarias, tanto de las almas como de los cuerpos, se verifica poco a poco, progresivamente, pasando de un

---

[7] Carta a una señora.
[8] Carta 847.
[9] Sermón para el primer Domingo de Cuaresma.

grado a otro, a fuerza de trabajo y de tiempo. Los ángeles de la escala de Jacob tenían alas pero no volaban, sino que subían y bajaban de escalón en escalón. El alma que sube desde el pecado a la devoción se puede comparar con el alba que, al levantarse, no ahuyenta las tinieblas de repente, sino que las va disipando poco a poco; la curación que se hace lentamente es la más segura, pues las enfermedades, tanto del alma como del cuerpo, vienen a caballo y corriendo, y se van a pie y paso a paso»[10].

«Hay, pues, que tener paciencia, y no pretender desterrar en un solo día tantos malos hábitos como hemos adquirido, por el poco cuidado que tuvimos de nuestra salud espiritual»[11].

Y, como conclusión, el buen Santo no cesaba de decir: «Aunque, por nuestra debilidad, vislumbraremos muchas caídas, no debemos turbarnos de ningún modo»[12].

4. A ningún alma, por muy adelantada que estuviese en la perfección, concedía el derecho de asombrarse después de una caída; incluso a sus más fervorosas religiosas dirigía los siguientes avisos: «¿Tan gran maravilla es ver que tropezamos alguna vez?»[13].

«La fiesta de la Purificación no tiene octava. Es necesario que tomemos dos resoluciones: una, la de ver nacer malas hierbas en nuestro jardín; otra, armarse de valor para verlas arrancar y

---

[10] *Introducción a la vida devota.*
[11] Carta 795, colec. Blaise.
[12] Carta a una señora.
[13] Plática III. *De la Firmeza.*

arrancarlas nosotros mismos, porque nuestro amor propio no morirá jamás mientras tengamos vida, y él es la causa de tan inoportunos frutos»[14].

«Vi las lágrimas de nuestra pobre hermana N. y pienso que todas nuestras niñerías no proceden más que de esta raíz: que olvidamos la máxima de los Santos, que nos advierten que todos los días debemos empezar el camino de nuestra perfección; si pensásemos en esto, no nos extrañaríamos de encontrar tanta miseria en nosotros»[15].

«Me preguntáis qué haréis para arraigar vuestro espíritu en Dios de tal manera que nada pueda desprenderlo ni retirarlo. Dos cosas son necesarias para esto: morir y salvarse. Después de esto ya no habrá más separación y vuestro espíritu estará indisolublemente adherido y unido a Dios»[16].

No hay nada tan consolador como estos consejos, para las almas seriamente dispuestas a agradar a Dios en todo y dedicadas a su servicio con un trato íntimo. Éstas creen que tienen menos excusa que otras, en las infidelidades que se les escapan, y parece que sus caídas deben extrañarles más. Pero no es ésta la opinión de los maestros de la vida espiritual. «De ordinario —dice el P. Grou—, nuestras caídas provienen de la rapidez de la carrera y de que el ardor que nos impulsa no nos permite tomar ciertas precauciones. Las almas tímidas y cautelosas, que tratan de mirar siempre dónde ponen el pie, que dan rodeos

---

[14] Plática IX. *De la Modestia.*
[15] Carta a Santa Juana Francisca Fremiot de Chantal, 332, colec. Blaise.
[16] Plática IX. *De la Modestia.*

continuamente para evitar los malos pasos y tienen un temor exagerado a mancharse, no avanzan tan rápidamente como las otras, y la muerte las sorprende, casi siempre, a la mitad de camino. Los más santos no son los que cometen menos faltas, sino los que tienen más valor, más generosidad, más amor; los que hacen más esfuerzos sobre sí mismos, y no tienen miedo de tropezar, ni aun de caer y mancharse un poco, con tal de avanzar» [17].

San Juan Crisóstomo dice lo mismo en otros términos: «Cuando un soldado que está combatiendo recibe alguna herida o retrocede un poco, nadie es tan exigente o tan ignorante de las cosas de la guerra que piense que eso es un crimen. Los únicos que no reciben heridas son los que no combaten; quienes se lanzan con ardor contra el enemigo son los que reciben los golpes» [18].

5. ¿Podremos aplicar también al pecado mortal estas reflexiones, y recomendar a las almas gravemente culpables que no se asombren de las caídas que les privan de la amistad con Dios? San Francisco de Sales se atreve a utilizar con ellas el mismo lenguaje que emplea con los corazones generosos a quienes se ha dirigido hasta aquí.

Escuchemos: «Querido Teótimo: los Cielos se espantan, sus puertas se estremecen con horror y los ángeles de paz quedan pasmados ante la prodigiosa miseria del corazón humano, que de-

---

[17] *Manual de las almas interiores.*
[18] *Ad Theod. laps.*

secha un bien tan amable, por quedarse con cosas tan lamentables; pero ¿has visto alguna vez una pequeña maravilla que todos conocen, pero nadie se para a considerar?: cuando se horada un tonel bien lleno, no derramará su vino si no le entra aire por arriba; esto no sucede con los que están algo vacíos, pues en cuanto se agujerean se derrama el vino. Eso es lo que pasa en nuestra vida mortal, que aunque nuestras almas abunden de amor celestial, nunca están tan llenas que con la tentación no pueda salirse de ellas; allá arriba en el Cielo, cuando las suavidades de la hermosura de Dios ocupen todo nuestro entendimiento, cuando las delicias de su bondad harten toda nuestra voluntad, de manera que la plenitud de su amor lo llene todo, no habrá objeto que penetre en nuestro corazón capaz de sacar o hacer salir ni una sola gota del licor precioso del amor celestial; y pensar que pueda entrar aire por arriba, es decir, que se pueda engañar o sorprender el entendimiento, no será ya posible, porque estará fijo para siempre en la aprehensión de la verdad soberana» [19].

Ya lo hemos oído: una caída en el pecado, incluso en pecado grave, no puede causar asombro más que en el Cielo, donde estas caídas son imposibles. Aquí abajo no hay lugar para la sorpresa, como no lo hay cuando vemos que se escapa el líquido de un tonel abierto.

6. Digámoslo de paso: ¡Cuánta comprensión tendríamos con nuestros hermanos si meditáse-

---

[19] *Tratado del amor de Dios.*

mos bien estos consejos! Nos identificaríamos así con la inefable paciencia de Aquel que, antes de investir a sus Apóstoles con el poder de perdonar los pecados, les recomendaba que perdonasen no siete veces, sino setenta veces siete.

No cabe duda de que esta comprensión, aplicada tanto a nuestras propias faltas como a las del prójimo, no debe llegar hasta mirarlas con indiferencia. Porque una cosa es no asombrarse de ellas y otra muy distinta no detestarlas y repararlas. El labrador no se asombra de ver que las malas hierbas invaden su campo, pero no por eso deja de arrancarlas. Después de haber dicho, sin ni siquiera exceptuar los pecados mortales: «Cuando cometáis alguna falta, no os asombréis» [20], después de habernos advertido que «si supiésemos bien lo que somos, en vez de sorprendernos de vernos caídos, nos sorprenderíamos de cómo podemos estar de pie» [21], San Francisco de Sales nos recomienda que no permanezcamos caídos y sucios en donde hayamos tropezado, añadiendo inmediatamente que «si la violencia de la tempestad nos altera algunas veces un poco el estómago y nos produce un pequeño mareo, no nos extrañemos, sino que en cuanto podamos debemos volver a recobrar aliento y nuevas energías» [22].

«Cuando tu corazón caiga, levántalo suavemente, humillándote mucho en la presencia de

---

[20] Carta 740, colec. Blaise.
[21] Carta 53, colec. Blaise.
[22] Carta a su hermana, la señora de Cornillon, 761, colección Blaise.

Dios con el conocimiento de tu miseria, sin asombrarte de tu caída, pues no es de admirar que la enfermedad sea enferma, la flaqueza sea flaca y la miseria sea miserable. Pero detesta con todo tu corazón la ofensa que has hecho a Dios, y lleno de valor y de confianza en su misericordia, vuelve a emprender el camino de la virtud que habías abandonado»[23].

Este texto da a entender con claridad cuáles han de ser las disposiciones provechosas que deben sustituir a la extrañeza por nuestras caídas: es el conocimiento de nuestra bajeza, primer grado de la humildad. De esto hablaremos en la segunda parte de este libro; por el momento, después de haber dejado claro que la vista de nuestras faltas no debe producirnos asombro, vamos a demostrar que todavía hay menos razón para que nos perturben.

---

[23] *Introducción a la vida devota.*

Capítulo II

NO DEBEMOS TURBARNOS A LA VISTA DE NUESTRAS FALTAS

1. *«La tristeza que es según Dios*, dice San Pablo, *produce una penitencia o enmienda constante para la salvación; la tristeza del mundo causa la muerte* (2 Cor 7, 10). Así pues, la tristeza puede ser buena o mala, según los efectos que cause en nosotros. Es verdad que causa más efectos malos que buenos, pues éstos son dos: misericordia y penitencia; mientras que los malos son seis: congoja, pereza, indignación, celos, envidia e impaciencia. Esto hizo decir al Sabio: *A muchos mató la tristeza y no hay utilidad en ella* (*Ecles* 30, 25), pues para dos arroyos buenos que nacen del manantial de la tristeza, nacen seis malos»[24].

Por eso el demonio hace grandes esfuerzos para producir en nosotros esa *mala* tristeza y, para conseguir desalentar al alma y desesperarla, intenta antes que nada perturbarla. En esto no necesita hacer grandes esfuerzos para sugerir pretextos: —¿No es bastante motivo para afligir-

---

[24] *Ibídem*, IV parte, cap. 12.

se el haber ofendido la Majestad soberana, haber ultrajado la belleza infinita, haber herido el corazón del más entrañable de los Padres? —Sí, ciertamente —nos contesta San Francisco de Sales—; preciso es entristecerse, pero con arrepentimiento verdadero y no con un dolor malhumorado lleno de despecho y de indignación. El verdadero arrepentimiento, como todo sentimiento inspirado por el buen Espíritu, es sosegado: *non in commotione Dominus* (*3 Rey* 19, 11) (donde hay perturbación no está el Señor). Donde empiezan la inquietud y la perturbación, la tristeza buena deja el lugar a la mala.

«La tristeza mala turba el alma, la llena de inquietud, le ocasiona temores desordenados, causa disgusto en la oración, aturde y debilita la cabeza, deja el alma sin consejo, sin resolución, sin juicio y sin ánimo, y agosta las fuerzas; en una palabra, es como un invierno riguroso que marchita toda la hermosura de la tierra y aletarga a todos los animales, porque la tristeza quita suavidad al alma y la deja como paralítica y privada de todas sus facultades»[25].

Muchas almas reconocerán en estos síntomas la turbación de que se han dejado llevar después de sus faltas, y los estragos que en ellas ha causado. Habían comenzado con fervor, se pusieron en camino con resolución, siguiendo las huellas del Maestro, subiendo las duras pendientes del Calvario. Sobrevino una caída y quedaron turbadas. Sin embargo, lograron rehacerse: el arrepen-

---

[25] *Ibídem.*

timiento y la absolución sacramental lo repara-
ron todo. A pesar de ello, no paran de mirarse y
remirarse con ansiedad, vuelven a repasar sus heridas apenas cicatrizadas, hurgan en ellas, las en-
conan queriendo curarlas con despecho e impaciencia; no tienen en cuenta que «nada hay que
conserve nuestras manchas como la inquietud y
el apresuramiento por quitarlas»[26].

Mientras tanto, se acorta el paso. Ya no
corren, caminan con dificultad, se arrastran des-
contentas de sí mismas y hasta casi de Dios mismo, sin confianza en la oración, sin más disposición que el miedo cuando reciben los Sacramentos; hasta que una circunstancia especial —una
confesión bien hecha, un retiro— viene a devolver a estas almas, por un momento, el fervor que
tuvieron en un principio. Pero poco después de
esta conversión, si continúan dominadas por la
turbación, nuevas caídas o simplemente el recuerdo de las faltas pasadas agravarán el desaliento; vuelven al paso cansino, y Dios quiera que
no acaben cayendo en una inercia sin remedio, a
fuerza de vacilaciones y lentitudes.

2. ¿Qué es lo que ha venido a detener vuestros esfuerzos? Corríais bien: ¿quién os ha dete-
nido?, pregunta el Apóstol (*Gal* 5, 7). La turbación,
responde el autor de *Filotea*: «Si no os hubieseis
desconcertado al primer tropiezo, sino que hubieseis cogido tranquilamente el corazón entre las
manos, no habríais dado el siguiente traspiés.»

Por eso el amable Santo insiste, para comuni-

---

[26] Carta 173, colec. Blaise.

car a los demás «la paz deseada, huésped amadísima, fidelísima y perpetua de su corazón»[27]. Por eso recomienda tanto la calma y la paciencia, *en primer lugar consigo mismo*.

«Guardaos de las precipitaciones y de las inquietudes, porque no hay nada que nos estorbe más para caminar en la perfección»[28].

«¿Por qué los pájaros y otros animales quedan presos en las redes? Porque cuando han entrado en ellas, se agitan y forcejean desordenadamente para salir, y esto hace que se enreden cada vez más. Si caemos en las redes de algunas imperfecciones, no saldremos de ellas a base de inquietud, sino que, al contrario, nos enredaremos más»[29].

«Hay que llevar con paciencia la lentitud de nuestra perfección, poniendo siempre de nuestra parte todo lo que podamos para ir avanzando»[30].

«Así, pues, esperemos con paciencia que vamos a mejorar y, en vez de inquietarnos por haber hecho poca cosa en el pasado, procuremos con diligencia hacer más en el futuro»[31].

«No perdamos la paz al vernos siempre como principiantes en el ejercicio de las virtudes, porque en estos trabajos siempre debemos todos considerarnos principiantes; durante toda la vida estaremos sometidos a prueba, y considerarse como habiendo superado todas ellas es la señal más clara no sólo de no haberlas superado, sino

---

[27] P. LA RIVIÈRE, *Vida del Bienaventurado San Francisco de Sales.*
[28] Carta a Santa Chantal, 57 colec. Blaise.
[29] *Opúsculos espirituales.*
[30] Plática X. *De la Obediencia.*
[31] *Tratado del amor de Dios.*

de incapacidad para seguir siendo probado. La obligación de servir a Dios y de progresar en su amor dura hasta la muerte.

»Alguno puede decirme: ¿cómo puedo no entristecerme ni inquietarme, si me doy cuenta de que por mi culpa voy retrasado en el aprovechamiento de las virtudes?

»Ya dije en la *Introducción a la vida devota*, y ahora vuelvo a decirlo gustoso, porque nunca se dirá bastante: Conviene arrepentirse con un arrepentimiento fuerte y sosegado, constante y tranquilo, pero sin permitir que nos turbe, nos inquiete o nos desanime»[32].

3. Ya se ve, por las citas que preceden, y todavía se verá mejor por los textos que citaremos a continuación, que el santo Doctor no sólo recomienda la calma y la paciencia consigo mismas a las almas justas e inocentes, sino también, y de modo especial, a las que han tenido la desgracia de cometer faltas.

«Si alguna vez sentís impaciencia, no os turbéis por ello: procurad rehaceros rápidamente y con suavidad»[33].

«Os preocupáis demasiado por los arranques de vuestro amor propio, que, sin duda, son frecuentes; pero nunca serán peligrosos si, con tranquilidad, sin enfadaros porque son una molestia, sin extrañaros porque son muchos, os decís: ¡No! Caminad con sencillez, no ansiéis tanto el reposo del espíritu, y así lo tendréis»[34].

---

[32] *Ibídem.*
[33] Carta a la señora de Cornillon.
[34] Carta a una Superiora de la Visitación, 756.

«Tened paciencia con todo el mundo, pero principalmente con vos misma: quiero decir que no perdáis la tranquilidad por causa de vuetras imperfecciones y que siempre tengáis ánimo para levantaros. Me da alegría ver que cada día recomenzáis; no hay mejor medio para acabar bien la vida que el de volver a empezar siempre, y no pensar nunca que ya hemos hecho bastante»[35].

«Por mucho que mortifiquemos la carne, siempre sentiremos su rebelión. Siempre las distracciones interrumpirán nuestra atención, y así en todo lo demás, ¿nos vamos a inquietar, a perder la paz, a afligirnos por eso? De ningún modo»[36].

«No os enfadéis ni asustéis al sentir que bullen en vuestra alma todas las imperfecciones que me habéis referido; no, os lo suplico, porque si bien es cierto que hay que tratar de arrojarlas del alma y hay que detestarlas para enmendarse, es necesario no afligirse con angustia, sino con una pena que dé ánimos, y tranquila, que dé lugar a un propósito sereno y firme de corregirse»[37].

«Hay que huir del mal, pero sin perder la calma ni el sosiego, porque de otra manera, al intentar evitarlo, podríamos caernos y dar tiempo al enemigo para que nos mate. Hasta la misma penitencia hay que hacerla en paz. *He aquí*, dice Isaías, *que mi amargura es amarguísima y está en paz* (38, 17)»[38].

«Nada nos debe disgustar ni enfadar, sino sólo

---

[35] Carta a una señora, 185.
[36] Carta a una señorita, 2.
[37] Carta a la Presidenta Brulart, 90.
[38] Carta a la Abadesa de Puits-d'Orbe, 53.

el pecado; pero incluso en el fondo de este disgusto debe haber alegría y consuelo santo»[39].

«Quien sólo a Dios pertenece no se contrista nunca, si no es por haberle ofendido, pero esta tristeza por la ofensa está como asentada en una profunda, tranquila y sosegada humildad y sumisión, después de la cual se levanta de nuevo con una tranquila y perfecta confianza en la bondad divina, sin desazón ni despecho»[40].

«En resumen, no os enfadéis, o por lo menos, no os turbéis porque os habéis turbado, no os alteréis porque os habéis alterado, no os inquietéis porque esas molestas pasiones os han inquietado; tomad vuestro corazón y ponedlo suavemente en manos de nuestro Señor[41]... Haced que vuestro corazón vuelva a estar en paz con vos misma... aunque estéis tan llena de miserias»[42].

«Cuando veáis vuestro corazón amargado, no hagáis más que cogerlo con la punta de los dedos, no de un puñado, no bruscamente... Es preciso tener paciencia consigo mismo y lisonjear al corazón alentándole; y cuando está intranquilo, hay que contenerlo como se contiene a un caballo con la brida, meterle firmemente en cintura, sin permitirle correr tras los sentimientos desordenados»[43].

«Tened mucho cuidado con no turbaros cuando hayáis cometido alguna falta, pero humi-

---

[39] Carta a una Religiosa, 732.
[40] Carta a una señorita, 480.
[41] Carta a una señora, 833.
[42] Carta 186.
[43] Consejos a la Hermana M.-A. Fichet. *Año santo de la Visitación*, t. XI.

llaros cuanto antes delante de Dios, con un sentimiento sosegado y amoroso, que haga nacer en vos la confianza de recurrir inmediatamente a su bondad y que os inspire la seguridad de que os ayudará a enmendaros... Cuando os suceda que cometáis alguna falta, cualquiera que sea, pedid con sencillez perdón a nuestro Señor y decidle que estáis segura de que os ama mucho y de que os va a perdonar»[44].

4. Para combatir con mayor eficacia el desasosiego que es tan perjudicial, San Francisco de Sales procura descubrir cuál es la causa ordinaria, por no decir única, de esta falta de paz. Es el amor propio, el buscarse a sí mismo. Ya lo había dicho Santa Teresa: «con verdadera humildad, aunque el alma se reconozca mala, y por ello esté triste, esta tristeza no va acompañada de turbación ni de inquietud; no produce en el espíritu ni oscuridad ni aridez, sino por el contrario, consuelo. El alma se aflige de haber ofendido a Dios, pero por otra parte se dilata en la esperanza de su misericordia. Tiene luz para confundirse ella misma y para alabar a Dios, que tanto la ha sufrido. Mas en la humildad falsa, que da el demonio, no hay luz para cosa alguna buena. Parece que Dios pone todo a sangre y fuego. Es ésta una invención del demonio de las más perniciosas, sutiles y disimuladas, que yo he entendido de él»[45].

Por eso, perturbarse después del pecado es un mal muy corriente. «Humillarse por las propias

---

[44] Consejos a la Madre C.-A. Joly de la Roche.
[45] *Vida.*

miserias, ha dicho un santo sacerdote, es muy bueno y pocas personas lo comprenden; inquietarse y perder la paciencia es cosa que todo el mundo hace, pero es cosa mala, porque en esta especie de inquietud y de enfado es el amor propio el que tiene la mayor parte»[46].

Federico Ozanan añade: «Hay dos clases de orgullo: el que está contento de sí mismo, que es el más corriente y el menos peligroso; y el que está descontento de sí, porque esperaba mucho de él mismo y se ha visto defraudado en su esperanza. Esta segunda especie de orgullo es mucho más refinada y peligrosa.»

Nuestro buen Santo persigue en todos sus ardides a este amor propio disfrazado con la máscara de la humildad: esas prisas que quiere darse el alma, no tanto para curarse como para convencerse de que está curada; esas secretas decepciones, que no permiten hacer las paces con la propia conciencia, porque resulta más cómodo considerarla como incorregible; esas melancolías que nos invaden; esa incesante y exclusiva contemplación de nuestras faltas y de nosotros mismos; esa especie de necesidad de lamentarse ante los hombres más que ante Dios, con el solapado deseo de que nos compadezcan y nos consuelen: todo esto lo pone de manifiesto el santo Doctor, y demuestra que «todo ello se produce por instigación de un cierto padre espiritual llamado *amor propio*»[47].

«Uno de los principales ejercicios de la man-

---

[46] J. J. ALLEMAND.
[47] Plática XIV. *Del Juicio Propio.*

sedumbre es el que practicamos interiormente, no impacientándonos ni contra nosotros mismos, ni contra nuestras imperfecciones. Porque, aunque es razonable sentir disgusto y pesar por haber cometido algunas faltas, este disgusto no debe ser amargo, ni enfadoso, ni despechado, ni colérico; por eso, es un gran defecto el de quienes, al impacientarse, se enfadan de su mismo enfado, y mantienen de esta forma el corazón como anegado en cólera. Aunque parezca que el segundo enfado destruye al primero, es al revés, pues se deja la puerta abierta para un nuevo enfado en cuanto se presenta la primera ocasión. Aparte de que, además la cólera, el enfado y la amargura contra sí mismo dan paso al orgullo y nacen del amor propio, que se resiente e inquieta al ver que no somos perfectos» [48].

«No debemos sentir confusión con inquietud y tristeza; esta clase de confusión la origina el amor propio, porque nos disgustamos de no ser más perfectos, no tanto por amor de Dios como por amor de nosotros mismos [49]. ¡Sentimos tanto alivio al llorar nuestras faltas halagando a nuestro amor propio!» [50].

«El excesivo cuidado que tenemos de nosotros mismos hace que nuestro espíritu pierda la tranquilidad, y nos lleva a tener un humor extravagante y desigual. Así nos sucede que, en cuanto tenemos alguna contradicción, en cuanto nos damos cuenta de nuestra falta de mortificación,

---

[48] *Introducción a la vida devota.*
[49] Plática II. *De la Confianza.*
[50] Plática XIV. *Del Juicio Propio.*

cuando caemos en algunos de nuestros defectos, por pequeño que sea, nos parece que todo se ha venido abajo»[51].

«Nuestro primer mal es que nos estimamos demasiado a nosotros mismos. Si caemos en algún pecado o en alguna imperfección, nos quedamos atónitos, desconcertados, nos sublevamos; y es porque nos creíamos ser algo bueno y sólido: al ver que no somos nada, al vernos caídos por tierra, nos enfadamos con disgusto, decepcionados acerca de nuestras propias fuerzas»[52].

«Tened mucho cuidado con no perder la paz cuando cometáis alguna falta, ni os dejéis llevar por la autocompasión, porque todo esto proviene de la soberbia»[53].

5. Esta es la línea de conducta que nuestro Beinaventurado propone, contra las agitaciones y las solicitudes estériles que el amor propio engendra. Tanta es la compasión que el corazón humana le inspira, que parece que se pone de su parte, cuando ha flaqueado, y en vez de apabullarlo y turbarlo más, nos dice:

«No atormentéis vuestro corazón, aunque en algo se haya extraviado; tomadlo y volvedlo a meter en vereda suavemente»[54].

«Hija mía muy amada, cuando caigamos en alguna falta, examinemos inmediatamente nuestro corazón y preguntémosle si no sigue teniendo una viva y entera decisión de servir a Dios; es

---

[51] Plática III. *De la Firmeza.*
[52] Carta a la Abadesa de Puits-d'Orbe, 53.
[53] Consejos a la Madre C.-A. Joly de la Roche.
[54] Carta a una Religiosa, 261.

seguro que os contestará que sí, y que antes pasaría por mil muertes que abandonar esta resolución. Hacedle otra pregunta: ¿Por qué, entonces, has tropezado? ¿Por qué eres tan cobarde? —He sido atacado por sorpresa, y no sé cómo; pero ahora me duele. ¡Hija mía! Hay que perdonarle: no ha sido infiel, sino débil. Es necesario corregirle suavemente, sin zozobra, para no irritarlo ni perturbarlo más»[55].

«Disponed vuestra alma para el sosiego, ya desde por la mañana; en el transcurso del día, procurad recordarlo con frecuencia. Si tenéis alguna desazón, no os alteréis ni os aflijáis, sino que, sin perderla de vista, humillaos serenamente ante Dios y tratad de recobrar la tranquilidad de vuestro espíritu. Decid a vuestra alma: ¡Adelante!, hemos dado un mal paso, vayamos despacito y con cuidado. Y cada vez que caigáis, haced lo mismo»[56].

«Debemos tener sentimiento por nuestras faltas, pero con paz y serenidad; porque así como un juez castiga más acertadamente a los delincuentes dictando sentencia conforme a razón y con dominio de sí mismo, y no cuando se deja llevar por la impetuosidad y la pasión —porque el arrebato no castiga los delitos conforme a lo que son, sino conforme a él le parece—, así también uno se castiga a sí mismo mucho mejor con arrepentimiento tranquilo y duradero, que con dolor amargo, impetuoso y colérico; estos arrepenti-

---

55 Carta a una señora, 800.
56 Carta a una señora, 151.

mientos no son a la medida de nuestras faltas, sino de nuestras inclinaciones...

»Créeme, Filotea: igual que a un hijo le hacen más efecto las reprensiones serenas y cordiales de su padre, que las airadas y secas, así también, si nosotros, cuando nuestro corazón comete alguna falta, le reprendemos con suavidad, serenamente, usando más de compasión que de enojo y estimulándole a que rectifique, conseguiremos que dé cabida a un arrepentimiento mucho más profundo y penetrante que el que pudiera sentir por medio del despecho, la ira y la turbación.

»En cuanto a mí, puedo decir que, aun teniendo grandes deseos de no incurrir por ejemplo en mi vanidad, si cayera y tratase de reprender a mi corazón, no le diría: ¿Es posible que, a pesar de tantos propósitos, seas tan despreciable que te dejes arrastrar por la vanidad?; muérete de vergüenza, no te atrevas a levantar los ojos al Cielo, ciego, orgulloso, traidor y desleal a tu Dios. No le diría nada de eso ni otras cosas semejantes, sino que echaría mano de consideraciones razonables, para corregirle, y le diría compasivamente: ¡Vamos, pobre corazón mío!, hemos acabado por caer en el hoyo que tantas veces nos propusimos evitar; levantémonos y huyamos para siempre; acudamos a la misericordia de Dios y esperemos que nos asista, para ser más firmes en lo sucesivo; volvamos al camino de la humildad; vigilemos mejor desde ahora, que Dios nos ayudará. Apoyado en esta reprensión, trataría de formular un firme y decidido propósito de no volver a cometer más aquella falta, poniendo los medios necesarios y siguiendo el consejo de mi director.

»De todas formas, si alguno ve que las correcciones suaves no sirven para mover su corazón, deberá emplear represiones más exigentes y severas, con el fin de moverlo a un profundo arrepentimiento; pero, después de haberle corregido ásperamente, no deje de ofrecerle algún estímulo, para que todo termine con una santa y filial confianza en Dios, imitando a aquel gran penitente que, viendo afligida su alma, la alentaba: *¿Por qué estás afligida, alma mía, por qué me conturbas? Espera en Dios, pues todavía le bendeciré y le confesaré, ya que es la alegría de mi rostro y mi Dios verdadero (Salm 42)*»[57].

6. Sobra decir que en todos estos consejos tan caritativos no hay ni una palabra encaminada a adormecer el alma en su pecado. A nadie se le podría aconsejar que se durmiese con una serpiente en su seno. Y sobre todo, ¿cómo podría uno no estremecerse, estando en pecado grave, ante la idea de la muerte, que puede hacer eternos el remordimiento y el castigo? ¿Cómo no quitarse de encima a un enemigo que, con su abrazo, puede arrastrarnos en cualquier instante al abismo de la eterna desgracia? Y aunque sólo se trate de pecados veniales, no podemos conservar el alma con esa suciedad tan desagradable a Dios cuyo peso nos irá llevando fatalmente, poco a poco, hasta el pecado mortal.

Precisamente para que podamos apartarnos mejor del pecado, es por lo que el santo Doctor

---

[57] *Intr. a la vida devota*, 3.ª parte, cap. 9.

nos prohíbe que perdamos la paz. Sabe muy bien que nada bueno se hace, cuando se obra con inquietud y enfado. Como hábil médico, sabe que para llevar a cabo una amputación difícil, hay que acariciar al enfermo y no tratarlo bruscamente: el éxito de la operación será tanto más rápido y seguro, cuanto con mayor tranquilidad se haga. Por eso, ante todo, hay que restablecer la tranquilidad y la calma.

Lo que aconsejaba a otros, él lo practicaba consigo mismo en las imperfecciones que se le escapaban: «Un día que tuve la dicha de hablar con él de cosas espirituales, dije que los pecados veniales, si bien pequeños, causaban cierta perturbación e inquietud en el corazón; pero apenas hube yo dejado de hablar, me replicó: Dispensadme, los pecados veniales no deben perturbarnos ni causarnos inquietudes, aunque sí los debemos detestar; porque la inquietud es causada por el amor propio, el cual siente enfado por el trabajo que tiene en el ejercicio de las virtudes, y porque todos los días hay que volver a empezar; mientras que el desagrado es un efecto de la gracia, que nos inspira aversión a todo lo que desagrada a nuestro Creador.

»Esta era su manera de sentir en lo que se refiere al dolor que debemos tener por las ofensas diarias; esto era lo que él practicaba en semejantes ocasiones, pidiendo la gracia a nuestro Redentor, pero sin amargarse ni irritarse lo más mínimo. Anteo, luchando contra Hércules, según nos lo representan los griegos, no caía jamás en tierra sin que inmediatamente se levantase con nuevo vigor, con mayores fuerzas. De la misma manera, este hombre magnánimo luchaba continuamente con sus pasiones; si en algún momento daba un paso en falso, se levantaba con nuevo y mayor ánimo y continuaba su tarea con paciencia y tranquilidad, sin irritación y sin disgusto» [58].

[58] P. LA RIVIÈRE, *Vida del B. Francisco de Sales*, libro III, cap. IX.

Capítulo III

NO DEBEMOS DESANIMARNOS A LA VISTA DE NUESTRAS FALTAS

1. Un piadoso sacerdote hacía unos días de retiro bajo la dirección del P. Roothan. Durante esos días, éste fue llamado urgentemente a Roma, donde fue elegido General de la Compañía de Jesús. Cuando ya se había despedido de todos, y a punto de marchar, se volvió atrás y entrando donde estaba el ejercitante, le dijo: «Señor cura, se me había olvidado hacerle una recomendación muy importante: *suceda lo que suceda, no os desaniméis jamás, jamás.*»

Palabras de oro. Habría que hacer esta misma recomendación a muchas almas. San Juan Crisóstomo no se cansaba de repetirlas: «¡No desesperéis nunca! Os lo diré en todos mis discursos, en todas mis conversaciones; y si me hacéis caso, sanaréis. Nuestra salvación tiene dos enemigos mortales: la presunción en la inocencia y la desesperación después de la caída; este segundo es con mucho el más terrible» [59]. Efectivamen-

---

[59] Homil. *De Poenit.*

te, *en la esperanza somos salvos* (*Rom* 8, 14). «Esta virtud es como una fuerte cadena que baja del cielo y ata nuestras almas; si éstas quedan firmemente sujetas, va tirando de ellas poco a poco hasta unas alturas sublimes, y las sustrae a las tormentas de la vida presente. Pero el alma que, vencida por el desaliento, se suelta de esta santa ancla, cae inmediatamente y perece sumergida en el abismo del mal.

»Nuestro pérfido adversario no ignora esto, por eso, en cuanto nos ve agobiados por el sentimiento de nuestras faltas, se lanza sobre nosotros e insinúa en nuestros corazones sentimientos de desesperación, más pesados que el plomo. Si les damos acogida, ese mismo peso nos arrastra, nos soltamos de la cadena que nos sujetaba y rodamos hasta al fondo del abismo» [60].

La experiencia confirma demasiado estas últimas palabras. La inmensa mayoría de las caídas no reparadas, que han sido causa de escándalo en la Iglesia, y la mayor parte de aquellas que únicamente los ángeles de paz conocen y lloran, proceden del desaliento. Sin él, con un arrepentimiento confiado, nada se habría perdido; pero después de una falta, que en muchos casos no pasaba de ser una sorpresa, el demonio de la desesperación se insinuó en el alma desconcertada, y esgrimiendo argumentos a cual más desalentador, concluía por conseguir que brotara el pensamiento aplastante de Caín: *Mi iniquidad es dema-*

---

[60] *Ad Theod. laps.* I.

siado grande, para que merezca perdón (*Gen* 6, 13).

A partir de este momento, como advierte San Pablo, el príncipe de las tinieblas se adueña del alma, la dirige, la empuja y la precipita donde quiere: *operatur in filios diffidentiae* (*Efes* 2, 2); le ha comunicado dos de sus más diabólicas disposiciones: el alejamiento de Dios por el pecado y el miedo a Dios por el desaliento. Y no vayamos a creer que esta tentación sólo surge después de cometer faltas groseras: el espíritu de mentira sabe también emplear este arma —tanto más terrible cuanto que está más hábilmente disimulada— contra el alma virtuosa después de las caídas leves; y si no consigue llevarla a la completa desesperación, por lo menos la paraliza en el camino de la virtud, la desconcierta, debilita sus más poderosas energías y le enfría el fervor, para que caiga en la melancolía y el desaliento. De esta manera, todo se le hace cuesta arriba, «no pone ya cuidado en reparar sus faltas, y esto produce la verdadera tibieza», con sus daños casi irreparables.

2. Nuestras faltas, y sobre todo nuestras faltas habituales, ofrecen a Satanás un medio fácil para llegar a ese resultado; si, como acertadamente se ha hecho observar, en su lucha contra la virtud de la esperanza es donde el espíritu infernal procura con más empeño *transfigurarse en ángel de luz* (2 *Cor* 11, 14), no le resulta difícil hacer ese papel poniendo en contraste nuestras infidelidades innumerables con las incesantes solicitudes de la gracia, nuestras ingratitudes con las bondades divinas, nuestras faltas con nuestros

propósitos. ¿No es justo, exclama el alma llevada a este desaliento, que Dios se canse y ciegue la fuente de auxilios de los que yo estoy abusando? Me abandona con toda razón. Ya es hora de renunciar a un empeño que mis repetidas caídas me demuestran que es superior a mis fuerzas. Yo había presumido demasiado de Dios y de mí mismo. ¿Para qué gastarme en esfuerzos estériles un día y otro día, si no voy a alcanzar nunca una santidad imposible? La experiencia me ha demostrado sobradamente que esas alturas no están al alcance de mi debilidad. ¿Hasta cuándo voy a estar haciendo propósitos —*quandiu ponam consilia in anima mea*, nada más que para sentir el dolor de faltar a ellos a lo largo del día— *dolorem in corde meo per diem, y* dar al enemigo motivos de alegrarse con mis caídas, *usquedo exaltabitur inimicus meus super me?* (*Salm* 12, 2-3).

Alma desalentada: lo que alegra al enemigo no son tanto vuestras faltas como el abatimiento y la desconfianza en la misericordia divina que os producen. «Éste es, dice el P. de la Colombière, éste es el mayor mal que puede sobrevenir a una criatura. Mientras uno puede defenderse de este mal, nada hay que no se pueda cambiar en bien y de lo que no sea fácil sacar alguna ventaja... Todo el mal que habéis hecho no es nada en comparación con el que hacéis si os falta confianza. Esperad hasta el fin; os lo mando con todo el poder que me habéis dado sobre vos. Si me obedecéis en este punto, respondo de vuestra conversión»[61].

---

[61] Cartas 35 y 5.

3. Si en algún momento estos consejos fueron oportunos, hoy día lo son mucho más. «Estamos en la hora de los desalientos y de los desanimados», y este mal que paraliza a tantos caracteres nobles y tantas rectas intenciones en el terreno político y social, origina todavía más estragos en las almas, incluso en las que desean agradar a nuestro Señor. «Felizmente, dice San Agustín, la Sabiduría divina posee el secreto de ofrecer a los hombres, según las circunstancias en que se encuentren, los remedios oportunos para sus necesidades»[62]. Ella hizo vivir, hablar y escribir en el siglo XVII, en el mismo momento en que se manifestaban las desesperanzadoras y pesimistas doctrinas jansenistas, a San Francisco de Sales, y le hizo coronar Doctor de la Iglesia universal, en la hora de mayor desaliento de un siglo desventurado; es el Doctor *estimulante* por excelencia. Todo en los escritos de este Santo alienta y reanima; se puede desafiar a sus lectores a que encuentren alguna cosa en él que dé pie al mayor pecador a tener un solo instante de desaliento.

Dice el P. Faber: «Entre todas las suaves doctrinas enseñadas por el inspirado San Francisco de Sales, ninguna es más preciosa que la referente al modo en que debemos considerar y juzgar nuestras faltas»[63].

Ante todo, prohíbe terminantemente perder el ánimo cuando se ha cometido una falta, cualquiera que sea. «Hay que morir antes que ofen-

---

[62] *De sermone Domini in monte*, lib. I.
[63] *El progreso del alma.*

der consciente y deliberadamente a nuestro Señor; pero, si llegamos a caer, hay que perderlo todo antes que perder el ánimo, la esperanza y la resolución»[64]. «Si os ocurre cometer alguna falta, no perdáis el ánimo, sobreponeos inmediatamente, como si no hubieseis caído»[65]. «Ser buena servidora de Dios es ser caritativa para con el prójimo, tener como en la parte superior del alma una inquebrantable decisión de hacer la voluntad de Dios, tener gran humildad y sencillez para abandonarse en sus brazos, y levantarse cuantas veces se caiga, soportarse a sí misma con paciencia en las propias miserias, y soportar a los demás en sus imperfecciones»[66]. «La flaqueza no es un mal grande, con tal de que haya un valor grande para levantarse poco a poco: así os conjuro que hagáis»[67].

«Es preciso que de ninguna manera os desaniméis, sino que con un valor lleno de paciencia, emprendáis con calma y cuidado el trabajo de curar vuestra alma de las heridas que en los ataques haya recibido»[68]. «Es necesario, amadas hijas mías, ser muy generosas... y tener gran valor para despreciar nuestras malas inclinaciones, nuestro mal humor, nuestras rarezas y sensiblerías, mortificando continuamente todo esto en todas las ocasiones. Si, a pesar de todo, se nos escapa alguna falta, no nos detengamos, volvamos

---

[64] Carta a una señora, 771.
[65] Carta a una señorita, 837.
[66] Carta a una señora, 820.
[67] Carta a la Abadesa de Puits-d'Orbe, 235.
[68] Carta a una señora, 833.

a levantar el ánimo para ser más fieles en la siguiente ocasión, y sigamos adelante nuestro camino hacia Dios, con abnegación de nosotros mismos»[69].

«Es preciso tener un ánimo invencible, para no cansarse de nosotros mismos, porque siempre tendremos algo que rectificar o que cortar... ¿Veis lo que hacen quienes están aprendiendo a montar a caballo? A menudo caen, pero no se desaniman, porque una cosa es verse alguna vez en tierra y otra muy diferente darse definitivamente por vencido»[70].

«La desconfianza que sentís hacia vos misma es buena, siempre que os sirva de fundamento para la confianza que debéis tener en Dios; pero, si alguna vez os llevase al desaliento, a la inquietud, disgusto o melancolía, os conjuro a que la rechacéis como la mayor de las tentaciones, y no permitáis jamás a vuestro espíritu discutir ni protestar a favor de la inquietud o del desaliento del corazón al que os podáis sentir inclinada... ni siquiera con un falso pretexto de humildad»[71].

4. Ya se entrevé en todos estos textos cómo San Francisco de Sales combate el desaliento, atacando directamente sus causas. ¿Por qué nos desanimamos? Porque exageramos nuestra flaqueza o porque desconocemos la misericordia divina; y la más de las veces, por esos dos motivos

---

[69] Plática XIV. *Del Juicio Propio.*
[70] Plática XX. *De la Pretensión religiosa.*
«Non est grave certamen cadere, sed in lapsus manere»: S. JUAN CRISÓSTOMO, *Ad Theod. laps,* I.
[71] Carta a una Superiora de la Visitación, 706.

juntos. En esto, dicho sea de paso, sucede un fenómeno extraño y, no obstante, muy corriente. El pecador cae por haber ignorado su propia flaqueza y por haber exagerado la misericordia de Dios; después de la caída, renacen estos dos mismos sentimientos, pero en sentido inverso: la flaqueza adquiere a sus ojos proporciones desmesuradas, envuelve al alma como en un manto de tristeza y de confusión, que aplasta; en cambio, Dios, a quien poco antes se ofendía con toda facilidad, presumiendo un perdón fácil, aparece ahora como un vengador inexorable. El alma culpable tiene miedo de Él y vergüenza de sí misma y, si no reacciona contra estas dos funestas tentaciones, renuncia cobardemente a la lucha: en vez de arrancarse de los lazos del pecado, se entrega a él sin resistencia. Este es el desaliento, la capitulación de la voluntad, la resolución de hacer lo contrario de lo que debe hacerse, cuyo fatal resultado es con mucha frecuencia la impenitencia final.

Nuestro santo Doctor cuida de curar por sus contrarias estas dos disposiciones que dan lugar al desaliento. Hace comprender al alma que desea santificarse, que el camino que emprende es largo y penoso, que su falta de fuerzas es grande, comparadas con las dificultades del viaje; pero al mismo tiempo le hace ver que *todo lo puede en Aquel que la conforta*, lo mismo después de una caída que antes de caer; le muestra el corazón de Dios pronto y generoso en el perdón, al mismo tiempo que es un brazo fuerte para darle apoyo.

«La soledad tiene sus asaltos, el mundo tiene sus peligros; en todas partes es necesario tener buen ánimo, porque en todas partes el Cielo está dispuesto a socorrer a quienes tienen confianza en Dios, a quienes con humildad y mansedumbre imploran su paternal asistencia»[72].

«Debéis renovar todos los propósitos de enmienda que hasta ahora habéis hecho; y aunque veáis que, a pesar de esas resoluciones, continuáis enredada en vuestras imperfecciones, no debéis desistir de buscar la enmienda, apoyándoos en la asistencia de Dios. Toda vuestra vida seréis imperfecta y tendréis mucho que corregir; por eso tenéis que aprender a no cansaros en este ejercicio»[73].

«Conservad la paz... Cuando sucede que, por un pronto de amor propio y de las pasiones, hemos faltado a las leyes de la indiferencia, en cosas que son indiferentes, inclinemos nuestro corazón delante de Dios cuanto antes y digámosle con espíritu de confianza y de humildad: *Señor, misericordia, porque estoy enfermo (Salm 7, 2).* Levantémonos con paz y tranquilidad, reanudemos el hilo de nuestra indiferencia y sigamos en nuestra tarea. No es necesario romper las cuerdas y arrojar el laúd cuando vemos que está desafinado, sino que hay que poner oído atento para descubrir dónde está el desconcierto, y tensar o aflojar la cuerda nuevamente, según lo requiera el caso»[74].

«Pero al ver lo elevado que es el monte de la perfección cristiana, te oigo decir: ¡Dios mio!

---

[72] Carta a su hermana, 761
[73] Carta a una Religiosa, 784.
[74] Carta a la Presidenta de Herce, 212.

¿Cómo voy a poder subirlo? Ánimo, Filotea; cuando las crías de las abejas, a las que llaman ninfas, empiezan a tomar forma, todavía no pueden volar sobre las flores por montes y collados para recoger la miel; pero manteniéndose con la que han recogido sus madres, van poco a poco echando alas y tomando fuerzas, de manera que después son ellas las que vuelan por todo el campo para recogerla. Pues nosotros somos todavía como ninfas pequeñas en la devoción, y no estamos en condiciones de subir hasta donde querríamos, que es nada menos que la cima de la perfección; pero si empezamos a tomar forma por medio de nuestros deseos y de nuestros propósitos, comenzarán a nacernos alas, y un día, como las abejas, volaremos. Entre tanto, vivamos de la miel de las muchas enseñanzas como nos han dejado los antiguos devotos, y roguemos a Dios que nos dé alas como la paloma, para que no sólo podamos volar durante el tiempo de la vida presente, sino también alcanzar el reposo en la eternidad de la futura» [75].

«Nuca se acaba la tarea; es preciso volver a comenzar siempre, y volver a comenzar con buena voluntad. *Cuando el hombre haya acabado*, dice la Sagrada Escritura, *entonces volverá a empezar* (*Ecles* 17, 6). Lo que hasta ahora hemos hecho es bueno, pero lo que vamos a empezar es todavía mejor; y, cuando ya hayamos acabado, volveremos a empezar otra cosa que todavía será mejor, y después otra, hasta que salgamos de esta

---

[75] *Intr. a la vida devota.*

vida para comenzar otra vida que no tendrá fin, porque ya nada mejor nos podrá acontecer. Ved pues, amada Madre, si hay que llorar cuando tan grande tarea pesa sobre nuestra alma, y si es necesario tener ánimo para ir siempre más adelante, puesto que es preciso no detenerse jamás, y si hay que tener resolución para cortar, puesto que hay que aplicar la *cuchilla hasta la división del alma y del espíritu, hasta las coyunturas y los tuétanos (Hebr 4, 12)*»[76].

«Verdaderamente que es una lástima grande que el sólo deseo de la perfección no sea bastante para tenerla, y que haya que conseguirla con el sudor de nuestro rostro y a fuerza de trabajos... Me diréis: ¡somos tan imperfectos! —Será así, pero no os desaniméis por eso, y no penséis que vais a poder vivir sin imperfecciones, porque esto no es posible mientras estéis en este mundo: basta con que no las améis ni les deis albergue en vuestro corazón, es decir, que no las cometáis voluntariamente ni queráis manteneros en ellas. Si es así, podéis conservar la paz y no os turbéis por la perfeción que queréis alcanzar: basta que la tengáis al morir. No seáis tan tímidos; caminad con firmeza por el camino de Dios. Estáis armados con el arma de la fe y nada os podrá dañar»[77].

«Es necesario, Filotea, tener ánimo y paciencia en esta empresa (la de la purificación del alma). ¡Cuán dignas de lástima son aquellas almas que después de haber practicado algún tiempo de

---

[76] Carta a Santa Chantal, 332.
[77] Sermón para el primer Domingo de Cuaresma.

devoción, viéndose todavía con muchas imperfecciones, se inquietan, se turban y se desaniman, dejándose casi llevar por la tentación de abandonarlo todo y de volverse atrás! Para ejercicio de nuestra humildad conviene que alguna vez salgamos heridos en esta batalla espiritual; pero nunca quedamos vencidos, sino cuando perdemos la vida o el valor. Puesto que las imperfecciones y los pecados veniales no son capaces de quitarnos la vida del alma, que solamente se pierde por el pecado mortal, lo que tenemos que hacer es procurar que no nos quiten el valor. Por eso decía David: *Aguardaba a Aquel que me salvó de la pusilanimidad de espíritu y de la tempestad*, porque realmente tenemos una gran ventaja para salir siempre vencedores en esta guerra: saber que no necesitamos más que querer pelear»[78].

5.   Hay que reconocer que en todas estas enseñanzas, San Francisco de Sales hablaba a personas más o menos adelantadas ya por el camino de la perfección, y que las faltas a que hace referencia, estimulando a no desalentarse por ellas, eran ordinariamente pecados veniales o simples imperfecciones. Sin embargo, no excluye de estos consejos alentadores a las almas culpables, y a todas se dirige, por grandes que sean sus caídas, cuando añade, fundándose en los mismos motivos:

«Alimentad vuestra alma con una filial confianza en Dios, y a medida que os encontréis ro-

---

[78] *Intr. a la vida devota.*

deada de imperfecciones y de miseria, levantad vuestro ánimo para que cobre esperanza»[79].

«Debemos decir a nuestro corazón, después de caer en una falta: amigo mío, ten ánimo, en nombre de Dios; andemos con cuidado, pidamos ayuda a nuestro Dios»[80].

«Algunas caídas en pecados mortales, con tal de que no haya deseo de estancarse ni adormecerse en el mal, no impiden los progresos que se hayan hecho en la devoción; aunque ésta se pierde pecando mortalmente, se recobra con el primer arrepentimiento verdadero que se tenga de ese mismo pecado, si, como he dicho, no se ha permanecido mucho tiempo en la culpa... Y de ninguna manera hay que desalentarse, sino que, con santa humildad, hay que reconocer su propia enfermedad, acusarse, pedir perdón e invocar el auxilio del Cielo»[81].

Reflexionemos despacio en las primeras palabras de esta última cita. Las caídas graves, si no van acompañadas de adormecimiento en el mal, es decir, si no se convierten en hábito, no solamente no dejan huella después de su perdón, sino que ni siquiera impiden que el alma recupere inmediatamente el terreno que ya tenía conquistado en la devoción. Es sin duda un parón, un retroceso, pero la absolución o la contrición perfecta compensan esa pérdida y rellenan esa laguna.

Pero ¿y si uno hubiera estado por mucho tiempo sumido en la culpa y se hubiere estanca-

---

[79] Carta a una señora, 814.
[80] Carta a una señora, 831.
[81] Carta a una señora, 839.

do en el mal? Evidentemente, entonces, por haber sido mayores la detención y el retroceso, las pérdidas serían más grandes, pero no irreparables. Con el perdón renacerán los méritos precedentes, según la palabra sagrada: *Vivirá en la justicia que hizo — In iustitia quam operatus est vivet* (*Ezeq* 18, 22). Quizá haya que hacer un esfuerzo más generoso para neutralizar los malos efectos del hábito culpable contraído durante ese tiempo, pero si se aumenta la confianza en Dios en proporción con la necesidad que ese adormecimiento en el mal ha creado, *fácil es al Señor,* dice la Escritura, *enriquecer en un momento al pobre. Confía en Dios y mantente en tu puesto* (*Ecles* 11, 22). Por eso, concluye nuestro Santo: «No hay que desconfiar, porque, por muy miserables que seamos, Dios es misericordioso con quienes tienen verdadera voluntad de amarle y han puesto en Él toda su esperanza» [82].

6. Estos pensamientos resaltarán todavía mejor en la segunda parte de este libro, donde nuestro Doctor se sirve de la vista misma de nuestras faltas para excitarnos a redoblar nuestra confianza en la misericordia divina. Por el momento bastan estas consideraciones para cerrar la puerta a la desesperación y demostrar que el temor que nos inspira el conocimiento de nuestra flaqueza debe estar siempre templado y dominado por una inquebrantable confianza en Dios. Nuestro Santo insiste de manera particular en la necesidad y manera de unir estas dos dis-

---

[82] Carta a una señora, 173.

posiciones: «Es necesario combatir siempre entre el temor y la esperanza, pero teniendo en cuenta que la esperanza ha de ser siempre más fuerte en consideración a la omnipotencia de Aquel que nos socorre»[83].

«Haced penitencia, decía San Juan, es decir, allanad esos montes de orgullo, llenad esos valles de tibieza y de pusilanimidad, porque la salud se acerca (*Lc* 3, 5). Los valles a que el santo se refiere son el temor, que cuando es exagerado nos lleva al abatimiento. La vista de las grandes faltas que hemos cometido trae consigo cierto horror, un asombro y un temor que abaten el corazón; estos son los valles que es preciso rellenar de confianza y de esperanza, para preparar el advenimiento de nuestro Señor.

»Hablando un día un santo a una santa penitente que había cometido grandes pecados, le decía: *Temed, pero esperad.* Temed para que no caigáis en la soberbia y en el orgullo; pero esperad, para no caer en la desesperación y en el desaliento. Porque el temor y la esperanza no deben ir el uno sin la otra, pues si el temor no va acompañado de la esperanza, no es temor, sino desesperación; y la esperanza sin el temor es presunción. Todo valle será llenado —*omnis vallis implebitur*—; es necesario que con la confianza y el temor llenemos los valles del desaliento que se forman cuando conocemos nuestros pecados»[84].

7. Como si aún después de su muerte San Francisco de Sales hubiera querido continuar su campaña contra la desesperación, arrancó al de-

---

[83] Carta a una Religiosa, 717.
[84] Sermón para el IV Domingo de Adviento.

monio una confesión que infunde gran aliento a las almas más criminales. Un joven de Chablais, poseído por el espíritu maligno desde hacía cinco años, fue llevado al Obispo de Ginebra cuando se instruía el proceso de beatificación de nuestro Santo. Tardó en verse libre algunos días, durante los cuales monseñor Carlos Augusto de Sales y la madre de Chaugy hicieron al pobre desgraciado varios interrogatorios junto a los restos del Santo. Un testigo ocular[85] refiere que, en uno de esos interrogatorios, el demonio multiplicaba sus gritos con más furor y confusión, diciendo: «¿Por qué he de salir?», entonces, la Madre de Chaugy exclamó con fervor: «¡Santa Madre de Dios, rogad por nosotros! ¡María, Madre de Jesús, venid en ayuda nuestra!» Al oír estas palabras, el espíritu infernal redobló sus horribles alaridos: «¡María! ¡María! ¡Para mí no hay María! No pronuncéis ese nombre, que me hace estremecer. ¡Si hubiese una María para mí, como la hay para vosotros, yo no sería lo que soy! Pero para mí no hay María.» Todos los presentes lloraban. Repitió el demonio: «¡Si yo tuviese un solo instante de los muchos que vosotros perdéis! ¡Un solo instante y una María! y yo no sería un demonio.»

Nosotros que vivimos (*Salm* 113, 18) tenemos el instante presente para que nos obtenga la gracia; ¿quién puede con esto desesperar?

---

[85] Hermana E.-C. de la Tour, sacristana en el primer monasterio de la Visitación de Annecy. Declaración sobre los milagros y prodigios obrados en el sepulcro del Bienaventurado Francisco de Sales.

SEGUNDA PARTE

Capítulo I

DEBEMOS APROVECHAR NUESTRAS FALTAS PARA HUMILLARNOS POR EL CONOCIMIENTO DE NUESTRA MISERIA

1. No desanimarnos, ni siquiera asombrarnos, después de nuestras caídas, son disposiciones indispensables y, al mismo tiempo, altamente saludables. Sin embargo, esto no es más que la parte negativa del arte de utilizar nuestras faltas. Ahora vamos a ocuparnos de la parte positiva, aprendiendo cómo podemos aprovechar para nuestro progreso espiritual nuestros propios pecados, a pesar de su fealdad y malicia.

Está claro que este provecho no viene de los pecados en sí mismos, sino de la misericordia de Dios y de la gracia de Jesucristo, que hace servir nuestras iniquidades para su bondad, y nuestras flaquezas para nuestra salvación. El estiércol es corrupción y podredumbre y, no obstante, como dice San Bernardo, «el labrador y el jardinero se sirven de él para hacer que la tierra produzca frutos más hermosos y abundantes. De la misma manera, Dios se sirve de nuestras faltas para hacer producir a nuestras alma numerosos frutos de virtudes, y su bondad, que sabe siempre utilizar nuestras voluntades y acciones desordenadas para la belleza del orden divino, se digna también emplearlas para nuestro adelantamiento»[1].

Este provecho será mayor si, por una parte, perseguimos nuestras faltas con odio más vivo y con guerra más implacable, y por otra, colaboramos más activamente con los designios de Dios, que las ha permitido para nuestro bien.

Es necesario secundar los planes del Redentor que la Iglesia nos descubre; combatir a Satanás con sus propias armas; volver contra él sus malas artes, y encontrar remedio a las mismas heridas que nos causa[2]. Haciéndolo así, comprobaremos con feliz experiencia lo que dice San Juan Crisóstomo: «Con frecuencia, el diablo mismo nos es de gran utilidad; hay que saber hacerle servir para nuestro provecho. Así la ganancia que nos proporciona será inapreciable»[3].

San Agustín resume esta ganancia en pocas palabras. *Todo contribuye al bien de aquellos que aman a Dios*, dice repitiendo a San Pablo: sí, todo, hasta las caídas, *omnia, imo ipso lapsus in peccata;* porque nos queremos levantar más *humildes,*

---

[1] Epist. 82, ad. Oger.

[2]
*Hoc opus nostrae salutis
Ordo depoposcerat,
Multiformis proditoris
Ars tu artem falleret,
Et medelam ferret inde
Hostis unde laeserat.*

(Himn. Passion.)

[3] Homilía al pueblo de Antioquía.

más *vigilantes* y más *fervorosos; nam ex casu humiliores, cautiores et fervetiores resurgunt*[4].

Este es el pensamiento de San Francisco de Sales: «Benditas imperfecciones, que nos hacen reconocer nuestra miseria, nos ejercitan la humildad, en el desprecio de nosotros mismos, en la paciencia y en la diligencia»[5].

2. Hablemos de la primera de estas tres ventajas: la humildad, porque es la primera que señala el bienaventurado Obispo de Ginebra, siguiendo a San Agustín.

«Quiera el Espíritu Santo inspirarme lo que tengo que escribiros, señora. Para vivir en constante devoción, basta establecer sólidas y saludables máximas en el espíritu.

»La primera que deseo al vuestro, es la de San Pablo: *todo contribuye al bien de aquellos que aman a Dios (Rom 8, 18).* Y es verdad, porque si Dios puede y sabe sacar bienes de los males, ¿por quién mejor hará todo esto que por aquellos que se le han entregado sin reservas? Sí, hasta los pecados —de los que Dios, por su bondad nos preserve— se ven reducidos por la divina Providencia a servir para el bien de aquellos que aman a Dios. Nunca fue David tan lleno de humildad como después de haber pecado»[6].

«Debéis aborrecer vuestras imperfecciones... con un aborrecimiento sereno, mirarlas[7] con pa-

---

[4] *De corrupt. et grat.,* cap. I. Véase también Santo Tomás, Raoul de Asti, etc., en sus comentarios sobre el texto de San Pablo.
[5] Carta 811.
[6] Carta a una señora, 641.
[7] Carta 167.

ciencia, y utilizarlas para rebajar vuestra propia estimación; debéis sacar el provecho de un santo desprecio por vosotros mismos»[8].

Si hay algún tormento en este mundo para los corazones que ambicionan santamente la perfección, es el doble sentimiento de la necesidad de la humildad y el de las dificultades para alcanzarla. Por una parte, esta virtud «tan necesaria al hombre en esta vida, base y fundamento de todas las virtudes»[9], es la «madre, la raíz y el lazo de unión de todos los demás bienes»[10]; y por otra parte, cuando parece que debería germinar y florecer espontáneamente en el suelo corrompido de nuestra miseria, tropieza con el orgullo, *principio de todo pecado*[11], que más arraigado que la humildad, pretende ahogarla continuamente.

No hay palabra para expresar la fuerza y la astucia de este demonio de la soberbia, ni el ingenio y la variedad de sus artimañas. Es una verdadera serpiente que ha nacido con nosotros, y quisiera enredar en sus anillos y enconar con su veneno todas nuestras pasiones, las más santas y las más indiferentes, nuestros más secretos pensamientos y nuestras más rectas intenciones. «Se alimenta con frecuencia de nuestras mismas virtudes, y trata de aprovecharse hasta de los dones más exquisitos, de Dios»[12]. Si alguna vez parece adormecerse, es para introducirse con mayor co-

---

8 Carta 173.
9 Sermón para el Tercer Domingo de Adviento.
10 S. Juan Crisóstomo.
11 *Ecles* 10, 15.
12 Santo Tomás *Catena Aurea*, in 2 Cor.

modidad en nuestra alma llena de ilusiones; si se muestra, si se deja herir, es para triunfar con los mismos golpes que le asestamos. En fin, según San Francisco de Sales, «la soberbia es un mal tan corriente entre los hombres, que nunca se les predicará ni se les inculcará suficientemente la necesidad que tienen de perseverar en la práctica de la santa y amabilísima virtud de la humildad» [13].

3.   Contra este enemigo de una virtud tan indispensable, nadie puede presumir de estar suficientemente armado, y puesto que no nos es dado matarlo en esta vida, debemos por lo menos aprovechar todos los medios para debilitarlo y neutralizar sus ataques. Entre estos medios, uno de los más eficaces nos lo proporcionan precisamente nuestras faltas. Así como la quijada de un animal fue en manos de Sansón un arma mortal contra los filisteos, de igual manera, nuestros pecados, por repugnantes que sean, pueden convertirse en una maza poderosa contra la soberbia y ser ocasión de nuestra salud y nuestra perfección.

Efectivamente, si la soberbia es una estimación y un amor desordenado de nuestra propia excelencia, la humildad, dice nuestro Santo, es el «verdadero conocimiento y voluntario reconocimiento de nuestra miseria» [14]. ¿Qué cosa hay más apropiada para producir en nosotros este verdadero conocimiento que la vista de nuestras faltas? Éstas son realmente, según la ingeniosa ex-

---

[13] Sermón para el día de la Purificación.
[14] *Intr. a la vida devota*. Ver SANTO TOMÁS, 2a-2ae, q. 161 y 162.

presión del P. Álvarez, como otras tantas ventanas por las que penetra una luz abundante sobre nuestras miserias [15]. Más eficaces que las humillaciones que nos vienen de los acontecimientos o de los hombres, nos iluminan y nos convencen de la inutilidad de las fuerzas más vivas y más íntimas del alma; y San Francisco de Sales agrega: «Este conocimiento de nuestra nada no debe inquietarnos, sino que nos debe hacer mansos, humildes y pequeños delante de Dios. El amor propio es el que nos hace perder la paciencia, al vernos pobres y miserables» [16].

«¡Pero, me diréis, soy tan miserable, estoy tan lleno de imperfecciones! ¿Lo veis con claridad? Pues bendecid a Dios, que os ha dado este conocimiento y no os lamentéis tanto. Sois dichosos si conocéis que sois más que la misma miseria» [17]. «Hay que decir la verdad: somos unos pobres hombres, que solos no podemos hacer ninguna cosa bien» [18].

«Os aseguro que seréis fiel, si sois humilde. —¿Pero seré Humilde? —Sí, si queréis serlo. —Pues yo quiero. —Entonces ya lo sois. —Pero yo no veo que lo soy. —Tanto mejor, porque eso sirve para que lo seáis con más seguridad» [19].

«Nuestras limitaciones para sacar adelante los negocios, tanto interiores como exteriores, son un

---

[15] *Cadit, et sic aperiuntur oculi eius* (*Núm.* 24, 4).
[16] Carta a una señora, 883.
[17] Plática III. *De la Firmeza.*
[18] Carta a una señorita, 811.·
[19] Carta a una Superiora Carmelita, 740.

gran motivo de humildad, y la humildad produce y sostiene la generosidad»[20].

¿Cómo confiar en uno mismo y creer ser algo, cuando nos vemos derribados al primer soplo de la tentación, cuando vemos que nuestros propósitos se desvanecen *como una chispa, como la estopa arrojada a la llama —ut favilla stuppae... quasi scintilla?* (*Is* 1, 31). ¡Cómo pierde su fuerza el orgullo en aquel a quien una caída le ha hecho volver a la realidad de su miseria, y cómo entonces la humildad echa raíces fácilmente en la verdad! Parece entonces oírse una voz que grita. *Recta iudicate! Que vuestros juicios sean rectos*[21]. *Habéis sido pesados en la balanza y no dais el peso exacto*[22]. *Pensabais ser más, y he aquí que sois menos*[23].

4.   Este es, según los santos Doctores, el principal designio de Dios cuando permite nuestros pecados. «El Buen Pastor usa con sus ovejas tres clases de varas: la vara de la corrección, que son las adversidades; la vara de la prueba, que son las tentaciones, y la vara de la indignación, que consiste en permitir los pecados. Bajo cada una de ellas, el hombre se ve obligado a reconocer su nada y a humillarse, pero con ninguna mejor que con la última: porque en ésta, con la experiencia de sus caídas, ve realmente su miseria, según frase de Jeremías: *Hombre soy yo que estoy viendo la miseria mía en la vara de la indignación del Se-*

---

[20] Carta a una Superiora, 449.
[21] *Salm* 57, 1.
[22] *Dan* 5, 27.
[23] *Agg* 1, 9.

ñor (*Trn* 3, 1). Esta vara es tan saludable, que Dios no vacila en emplearla con sus mejores amigos. Como su humildad encuentra en sus mismas virtudes el escollo más peligroso, les deja algunas veces caer en imperfecciones o permite que las malas inclinaciones antiguas levanten la cabeza, a fin de que aprendan, por la experiencia de su fragilidad, a no contar con sus propias fuerzas» [24].

Nuestro Santo añade: «Nuestro Señor permite que en estos pequeños asaltos llevemos la peor parte, con el fin de que nos humillemos y sepamos que, si hemos vencido algunas tentaciones grandes, no ha sido por nuestro esfuerzo, sino con la ayuda de su divina bondad [25]

«Tened paciencia... Si bien Dios deja que deis algún tropezón, lo hace para que conozcáis que, si no os sostiene Él, caeríais en redondo» [26].

«Dios ha curado a algunos repentinamente, sin dejar en ellos la menor huella de sus enfermedades pasadas; así lo hizo con Magdalena, la cual, en un instante, de ser agua estancada corrompida, fue transformada en una fuente de agua pura, y desde ese momento ya no fue nunca perturbada. Pero también dejó Dios en muchos de sus queridos discípulos huellas de sus malas inclinaciones durante algún tiempo después de su conversión, para su mayor provecho; San Pedro es buen testigo, que después de su primera vocación tropezó muchas veces en imper-

---

[24] SEGNERI, *Manna dell'anima.*
[25] Carta a una Religiosa, 741.
[26] Carta a una señora, 8-IV-1602.

fecciones y cayó rotunda y miserablemente con su negación.

«Salomón dice (*Prov* 30, 23) que es insoportable la criada cuando se convierte en heredera de su señora. Sería peligrosísimo para el alma que ha sido por mucho tiempo esclava de sus pasiones, el que de repente llegase a ser dueña y señora de ellas, porque podría convertirse en orgullosa y vana. Es necesario que poco a poco y paso a paso adquiramos este señorío, en cuya conquista los santos y las santas emplearon muchas decenas de años»[27].

«Conservad la paz y soportad serenamente vuestras pequeñas miserias. Sois de Dios sin reserva, y Él os guiará bien. Y si no os libra tan pronto de vuestras imperfecciones, es para libraros de ellas con más provecho, y para que os ejercitéis durante más tiempo en la humildad, a fin de que esta virtud tan apreciable arraigue bien en vuestro corazón»[28].

«Ya sabéis con cuanta frecuencia os he dicho que debéis tener la misma afición a la práctica de la fidelidad a Dios que a la de la humildad: la fidelidad, para renovar vuestros propósitos de servir a la divina bondad en el mismo momento en que los rompáis, procurando vivir siempre vigilante para no romperlos; la humildad, para que cuando quebrantéis vuestro propósito reconozcáis vuestra mezquindad y vuestra miseria»[29].

«Los que aspiran al amor puro de Dios no tie-

---

[27] Carta a una señora, 825.
[28] Carta a una Religiosa Bernarda, 870.
[29] Carta a una señora, 313.

nen tanta necesidad de paciencia para con los demás como para consigo mismos. Es necesario soportar nuestra imperfección para lograr la perfección. Digo soportar con paciencia, no amarla ni acariciarla. La humildad se alimenta de este sufrimiento»[30].

5. Señalemos bien que la doctrina de nuestro Santo, como la de otros Doctores, no se refiere solamente a las faltas leves. San Isidoro[31] y Santo Tomás[32] afirman que, a veces, para castigar la soberbia, Dios permite caídas groseras en pecados vergonzosos. Estos pecados, dicen ambos Doctores, son menos graves que la soberbia, y la misericordia divina se sirve de ellos para espantar, despertar y reducir al alma orgullosa, *ut per hanc humiliatus a confusione exurgat —para que humillada con esto, se levante de su confusión*. De la misma manera que un hábil médico —añade— con el fin de curar una enfermedad más grave, permite en un enfermo los accesos de un mal más doloroso tal vez, pero menos peligroso. Luis Veuillot ha escrito acertadamente a este propósito: «Es una gracia concedida a la miseria del hombre el tener algún desliz, cuando los pasos firmes y seguros debían llevarlo a las funestas cimas del orgullo.» San Juan Crisóstomo hace reflexiones análogas: «Algunas veces Dios permite que los pecados de almas nobles y grandes sean conocidos. Se iban insinuando en ellas intenciones de vanidad. El Señor, por medio de esas

---

[30] Carta a una señorita, 811.
[31] *De summo bono*, lib. I, cap. 38.
[32] *Catena aurea*, in 2 Cor; 2a-2ae, q. 162, a. 6.

faltas, quiere despojarlas de la gloria mundana por la cual arrostraron toda clase de peligros, y al mostrarles que es efímera como la flor de los campos, las obliga a que se dediquen a Él sin reservas, y a que le consideren como el único fin de todas sus acciones»[33].

Y el santo Obispo de Constantinopla, después de citar ilustres penitentes que se llenaban de contrición al meditar los beneficios de Dios y al recordar sus propias imperfecciones, añade: «Para nosotros, estos remedios son insuficientes. Para triunfar sobre nuestra soberbia, es necesario otra fuerza. ¿Cuál? La multitud de nuestros pecados, y la perversidad de nuestra conciencia, que después de habernos hundido en mil torpezas, todavía se atreve a hincharnos de soberbia»[34].

Este mismo lenguaje es el de muchos Padres de la Iglesia. San Agustín dice resueltamente: «Dios mira con más agrado acciones malas a las que acompaña la humildad, que obras buenas inficionadas de soberbia»[35]. San Optato de Milevi: «Más valen los pecados con humildad, que la inocencia con soberbia»[36].

San Gregorio de Nicea: «Un carro lleno de buenas obras, guiado por la soberbia, conduce al

---

[33] *Exhortat. ad Stagyr.*, n. 9.

[34] *De compunct.*, lib. II, n. 9.

[35] «Plus placet Deo humilitas malis in factis quam superbia in bonis», *Homil. de Public. et Pharis.*

[36] «Meliora sunt peccata cum humilitate quam innocentia cum superbia», *Contra Donat*, lib. II.

infierno; un carro lleno de pecado, guiado por la humildad, lleva al Paraíso»[37].

San Gregorio el Grande: «Sucede muchas veces que quien se ve cubierto de manchas delante de Dios está, sin embargo, ricamente engalanado con el vestido de una profunda humildad.»

San Bernardo termina así una magnífica apología de la virginidad y la humildad: «Para marchar sobre las huellas del Cordero, el pecador que toma los senderos de la humildad lleva un camino más seguro, que aquel que siendo virgen sigue las vías de la soberbia; porque la humildad del primero le purificará de sus manchas, mientras que la soberbia del segundo no puede menos que manchar su pureza»[38].

El mismo Doctor dice en otra parte, interpretando un versículo del Salmo 24: «Es el Señor justo y bondadoso quien ha dado *una ley a los que desfallecen en el camino.* Estos son los que se alejan de la verdad. Pero Dios no los abandona; les ofrece el camino de la humildad que debe conducirlos al conocimiento de la verdad»[39].

6. Perdónense estas numerosas citas. Pero el asunto es tan importante y a la vez tan delicado, que necesitamos apoyarnos en grandes autoridades. No encontraremos ni sombra de exageración en estos textos, si meditamos con seriedad la tesis admirablemente demostrada en la *Suma* de Santo Tomás[40]: «La soberbia es, por su naturale-

---

[37] SAN JUAN CRISÓSTOMO emplea la misma comparación en su 5ª Homilía contra los Anomeos.

[38] *Homil. I super Missus,* n. 8.

[39] *De gradibus humilitatis.*

[40] 2a-2ae q. 162, a. 6.

za —*secundum genus suum*—, el peor de todos los pecados, más grave que la infidelidad, la desesperación, el homicidio, la lujuria, etc.» La razón de ello está, continúa Santo Tomás, en su apartamiento de Dios. En los otros pecados, el hombre se aleja de Dios, por ignorancia, por flaqueza o por el deseo de un bien cualquiera: Pero la soberbia le aparta de Dios únicamente porque no quiere someterse a Él ni a su ley. Por eso —dice Boecio—, mientras todos los vicios huyen de Dios, sólo la soberbia le hace frente. De ahí las palabras de Santigo: *Dios resiste a los soberbios* (*Sant* 4). La aversión a Dios y a sus mandamientos, que en los otros pecados viene como consecuencia, está en la misma naturaleza de la soberbia, cuyo acto propio es el desprecio de Dios. Y como lo que subsiste por sí mismo es superior a lo que existe en virtud de otra cosa, de ello se sigue que la soberbia es por su naturaleza el más grave de todos los pecados, porque los supera a todos en aversión a Dios, que es lo que constituye su malicia formal.

«Si no podemos adquirir muchas virtudes —decía Santa Juana Francisca de Chantal—, tengamos por lo menos la humildad.» Sobre esta ausencia de virtudes sinceramente reconocida, es decir, sobre la verdadera noción que las propias faltas nos dan de nuestra pobreza espiritual y de nuestra nada, es precisamente sobre lo que podemos asentar la virtud madre de todas las demás. ¿Cómo no exclamar con nuestro amable Santo: «¡Benditas imperfecciones que nos hacen reconocer nuestra miseria y nos ejercitan en la humildad! ¿Cómo no aplicar el *Félix culpa!* —¡Oh feliz culpa!, a cada una de nuestras caídas?»

Una Religiosa de la Visitación escribía: «¿No os alegraríais de una inundación, deplorando a la vez los desastres que ha causado, si os hubiese traído magníficas piedras para cimentar un palacio que vais a edificar? Pues bien, la humildad es llamada cimiento del edificio espiritual, porque Dios, a quien únicamente corresponde edificar, como dice el Profeta (*Salm* 126, 1), no edificará jamás si no es en el gran hoyo que hayamos ahondado con el verdadero conocimiento de nosotros mismos.»

Y no hay nada como nuestras faltas para producir ese saludable conocimiento, y abrir ese hoyo tan profundo. Ellas van desligando pieza por pieza todo el andamiaje imaginario de nuestras propias fuerzas, y no tardamos en vernos en el abismo de nuestra nada, únicamente sostenidos por la misericordia divina. Es éste un precioso descubrimiento. Y Dios lo esperaba: *ve la humildad de su siervo,* y tanto como *resiste a los soberbios, da su gracia a los humildes*[41]. Esta gracia que, al decir de San Agustín, corre por los valles más profundos, nos inunda en proporción de nuestro abajamiento, y arroja en el fondo de nuestra nada reconocida, la semilla de una verdadera santidad, al abrigo ya de los asaltos de la soberbia.

Si, no obstante, la vanidad intenta volver a entrar en este nuevo edificio, una palabra bastará para arrojarla de él: *Peccavi* —pequé: ésta es mi

---

[41] *Sant* 4.

obra; todo lo demás es de Dios. Siguiendo el ejemplo de un ilustre sucesor de San Francisco de Sales, escribiré un libro íntimo con el recuerdo de mis caídas pasadas, libro que titularé *Remedio contra la soberbia*, y leeré a menudo sus páginas que exhalarán el olor de mi nada y matarán el gusano de mi soberbia [42].

Cuanto más me levante Dios, aunque fuese hasta el Tercer Cielo, como a San Pablo, más también, imitando a este Apóstol, buscaré en la memoria de mis antiguas infidelidades un contrapeso a los favores celestiales, que me mantendrá en un justo desprecio de mí mismo. De esta manera seguiré el consejo del Espíritu Santo: *en los días felices no pierdas el recuerdo de los días malos* [43].

7. El agradecimiento a Dios. Este es otro fruto que la vista de nuestras faltas debe producir y hacer germinar. La humildad es esencialmente verdad, y a la vez que nos descubre «la nada de la que hemos sido sacados», pone de manifiesto el bien que en nosotros «procede de Dios como de su primera causa» [44].

Mientras más ilumina la bajeza de nuestra alma, más hace resplandecer ante nuestra vista, con un contraste que nos confunde, la grandeza y la multitud de los beneficios divinos, y por consiguiente nos facilita también más la gratitud hacia el *Autor de todo don perfecto* (*Salm* 1, 17). No es éste uno de los menores provechos que hemos de sacar de nuestras faltas. La ingratitud, hija de

---

[42] Carta a Mons. Rey, obispo de Annecy.
[43] *Ecles* 11, 27.
[44] Sermón para el Domingo de Ramos.

la soberbia, «es un pecado general que se extiende sobre todos los demás, y los hace infinitamente más enormes»[45]. Es como un viento abrasador que agosta las fuentes de la gracia[46]. Este vicio de ningún modo puede ser combatido más victoriosamente que comparando nuestras infidelidades con las inagotables misericordias de un Dios infinitamente bueno.

«Verdaderamente que nada puede humillarnos tanto como la multitud de los beneficios del Señor, al contemplar su misericordia; y la multitud de nuestras maldades, al considerar su justicia. Miremos lo que Dios ha hecho con nosotros y lo que nosotros hemos hecho contra Dios: consideremos al por menor nuestros pecados, consideremos también al por menor sus gracias; y no tengamos miedo de que el conocimiento de los dones con que nos ha dotado pueda engreírnos y llenarnos de vanidad, si tenemos presente esta verdad: lo que hay bueno en nosotros no es nuestro. ¿Dejan acaso de ser pobres bestias los mulos porque vayan cargados con las preciosas alhajas de un príncipe? ¿Qué tenemos nosotros bueno que no hayamos recibido? Y si lo hemos recibido, ¿por qué nos vamos a ensoberbecer? Por el contrario, la consideración de las gracias recibidas nos humilla, porque el conocimiento engendra reconocimiento. Pero si, al mirar las gracias que Dios nos ha hecho, sentimos algún tanto la tentación de vanidad, el remedio infalible es re-

---

[45] *Intr. a la vida devota.*
[46] SAN BERNARDO.

currir a la consideración de nuestras ingratitudes, imperfecciones y miserias; pues si consideramos lo que hemos hecho cuando Dios no ha estado con nosotros, conoceremos claramente que lo que hacemos cuando está con nosotros no es de nuestro caudal ni de nuestra cosecha; y aunque verdaderamente nos gocemos y regocijemos por los bienes que hay en nosotros, a Dios sólo como autor de ellos hemos de dar la gloria»[47].

«Llenad vuestra memoria con el recuerdo de vuestras faltas e infidelidades, para humillaros y enmendaros; y con el de los beneficios que de Dios habéis recibido, para darle gracias»[48].

«Decid a vuestro corazón: ¡Adelante!, no vuelvas a ser infiel, ingrato y desleal con este gran Bienhechor. ¿Cómo no ha de someterse en lo sucesivo nuestra alma a un Dios a quien tantas maravillas debe?»[49].

8.   Por último, San Francisco de Sales quiere que la luz que proyectan nuestras faltas sobre nuestra flaqueza nos conduzca, por la humildad, a la indulgencia con las flaquezas del prójimo.

«La humildad hace que no nos inquietemos con nuestras imperfecciones, recordándonos las de los demás. ¿Qué razón hay para que hayamos de ser más perfectos que los otros? Y también hace que no nos impacientemos con las faltas del prójimo, acordándonos de las nuestras. ¿Por qué nos hemos de admirar de que los demás tengan

---

[47] *Intr. a la vida devota,* 3.ª parte, cap. 5.
[48] Sermón para el día de Todos los Santos.
[49] *Intr. a la vida devota.*

imperfecciones, si nosotros también las tenemos?»[50].

San Juan Crisóstomo insiste con su acostumbrada energía sobre este resultado, muy poco meditado, que nuestras faltas deben procuranos siguiendo el plan divino. Demuestra que, si no se ha confiado el sacerdocio a los ángeles, fue por temor de que con la severidad que pudiera darles su impecabilidad, provocasen al rayo sobre los pecadores; mientras que el hombre, conociendo por experiencia propia la fragilidad humana, se compadece de modo natural al encontrarla en los demás. Ved por qué, continúa el Santo Obispo, en otros tiempos lo mismo que hoy, Dios permite que los depositarios de su autoridad en la Iglesia, cometan faltas, con el fin de que el recuerdo de sus caídas los haga más benignos con sus hermanos. Y San Juan Crisóstomo prueba su tesis con dos ejemplos sacados uno del Nuevo y otro del Antiguo Testamento: pone en escena al vehemente, al intrépido San Pedro, que no comprendía que nadie pudiese escandalizarse ni avergonzarse de su Maestro, le jura tres veces una inquebrantable fidelidad, y, después, le niega miserablemente, no bajo la amenaza del tormento y de la muerte, sino a la simple voz de una sirvienta. Recuerda a continuación al Profeta Elías, cuyo celo impetuoso derribaba batallones y reducía al hambre a un pueblo entero, y acto seguido, temblando de espanto, huía desatinado ante la cólera de una mujer, Jezabel. Y así concluye: «Dios

---

[50] Carta a la Abadesa de Puits-d'Orbe, 53.

permitió la falta de Pedro, columna de la Iglesia, puerto de la fe, Doctor del Universo, para enseñarle a tratar a los demás con misericordia, y también por permisión divina, cayó Elías, para que se revistiese con el manto de la caridad y fuese indulgente como su Señor[51].

San Bernardo repite con el comentario de un proverbio: «El que está sano no siente el mal de otro, el que ha comido bien no conoce el tormento del que padece hambre. Cuanto más semejante es un enfermo a otro y un hambriento a otro hambriento, más profundamente se compadecen de su mal... Para sentirse desgraciado con la desgracia de los demás, es preciso ante todo experimentarla en sí mismo. Solamente conociéndonos a nosotros mismos podremos encontrar el alma del prójimo en la nuestra y saber cómo podemos prestarle ayuda»[52].

Aprendamos estas lecciones. Mientras estamos de pie no podemos ni disculpar ni comprender en los demás caídas que nos escandalizan, que nos sublevan. ¿Cuántas veces una secreta soberbia, disfrazada de celo, nos lleva a la indignación? Pero que una falta semejante nos tire por tierra, y pronto la compasión sustituirá a la severidad. Entonces comprendemos la sentencia de San Agustín: «No hay pecado posible en un hombre con el que yo no pueda mancharme.» Y la frase de la *Imitación de Cristo*: «Todos somos frágiles; pero tú a nadie tengas por más frágil que tú.»

---

[51] Homilía sobre Pedro y Elías.
[52] *De gradibus humilit.*, cap. 3.

Capítulo II

DEBEMOS APROVECHAR NUESTRAS FALTAS PARA AMAR NUESTRA MISERIA

1. «El más alto grado de humildad, dice San Francisco de Sales, no consiste sólo en reconocer voluntariamente nuestra miseria, sino en amarla y complacerse en ella; y esto no por falta de ánimo ni de generosidad, sino para exaltar más la Majestad divina y tener en más al prójimo que a nosotros mismos»[53].

Santa Magdalena de Pazzis dice: «La humildad no es otra cosa más que un continuo conocimiento de nuestra nada, y un continuo gozo en medio de todo lo que nos proporciona un desprecio de nosotros mismos.» A este «alto grado» pueden y deben elevarnos nuestras faltas; la luz con que ellas iluminan nuestra miseria no sólo deben dárnosla a conocer, sino que deben también hacérnosla amar.

«Todos somos capaces de caer en las imperfecciones en que caen los demás, y de ninguna manera debemos admirarnos por caer en ellas; si

---

[53] *Intr. a la vida devota.*

algunas veces pasamos un tiempo sin caer en ninguna falta, otras veces tendremos muchas caídas, y cometeremos muchas y grandes imperfecciones, de las que debemos aprovecharnos por el desprecio propio que nos pueden proporcionar»[54].

«Si fuese posible ser tan agradables a los ojos de Dios siendo imperfectos como siendo perfectos, deberíamos desear ser imperfectos, para mantener en nosotros, de esta manera, la santa humildad»[55].

«Nuestras faltas son una gran parte de nuestro fondo para la eternidad; el amor al abajamiento que nos proporcionan constituye como la urdimbre de este fondo, que es preciso tejer con la trama necesaria para que no se agujeree pronto. Pero, si en vez de amar este abajamiento, nos impacientamos, esta inquietud es el espíritu del demonio. Nuestras faltas nos son tan provechosas, que todo lo que no adelantamos por ineficacia de nuestra voluntad, lo suple el fruto que sacamos de ellas. La vida es una serie de caídas de las cuales debemos levantarnos en seguida, diciendo: no lo haré más. Este modo de obrar ilumina, fortifica y estimula. Las faltas no perjudican cuando se reparan de esta manera, pues, se gana por humildad lo que se perdió por cobardía»[56].

La verdad es que somos miserables y que, haciendo abstracción de los dones de Dios, a nosotros no nos pertenece más que la nada y el peca-

---

[54] Plática X. *De la Obediencia.*
[55] Plática XVIII. *De los Sacramentos.*
[56] MADRE MARÍA DE SALES CHAPUIS.

do. Debemos sentirnos dichosos reconociéndolo y viéndolo reconocido por nuestros hermanos, cuando esto puede hacerse sin escándalo, del mismo modo que un hombre enamorado de la ciencia, se siente feliz cuando ha descubierto una verdad científica y la ve demostrada y aceptada por sus semejantes. Un sentimiento contrario sería tan opuesto a la lealtad como a la humildad, y caería bajo la censura del Rey-Profeta: *¿Por qué amáis la vanidad y buscáis la mentira?* [57].

2.   No es sólo por «respeto a la verdad», continúa el Obispo de Ginebra, el motivo por el que la humildad cristiana inspira «la alegría de no ser nada, y de no ser estimado en nada» [58]; más que por esto, es por respeto «a las humillaciones del Verbo encarnado». El Cordero de Dios, al vestir su inocencia adorable con las ropas del pecado, se dignó aceptar nuestra condición caída, en todo lo que no es pecado [59]. El Evangelio nos dice las profundidades de abajamiento hasta donde voluntariamente descendió, y los oprobios con que quiso ser agobiado; pero siglos enteros de meditación no serían suficientes para hacernos comprender el ansia de humillaciones que llenaba su divino Corazón, y que le impulsaba a ir en busca de las ignominias más sangrientas, como quien va a un banquete, en su calidad de aparente pecador. El alma verdaderamente cristiana siente la necesidad de participar en este banquete de oprobios al lado de su Amado. Ella, que es la culpa-

---

[57] *Salm* 4, 4.
[58] Carta 130 a Santa Chantal.
[59] *Hebr* 4, 15.

ble, no puede resignarse a dejar que el inocente apure, él solo, el cáliz de las humillaciones; quiere también su parte; y la dicha de poner sus labios donde ha puesto los suyos su Dios, su Salvador, transforma en bebida deliciosa la miel más amarga.

A esto hay que añadir que las humillaciones, como observa San Bernardo, son el camino indispensable que hay que seguir para llegar a la humildad; y por consiguiente, un alma convencida, como debe estarlo, de la necesidad de esa virtud, tiene que amar y buscar las humillaciones como el viajero que quiere llegar a su destino desea y busca el camino que a él conduce. Por último, como veremos en el capítulo siguiente, nuestra miseria se nos hace amable también porque nos atrae con más abundancia las misericordias del Corazón de Dios.

Desde todos estos puntos de vista podemos utilizar nuestros pecados, para fomentar en nosotros el amor a nuestra miseria. Lo que nuestro Señor aceptaba y buscaba con avidez, como ofrecido por los pecadores, lo apreciaremos nosotros como tributo rigurosamente proporcionado a nuestra cualidad real de pecadores.

Cada una de nuestras caídas será un escalón más para ayudarnos a bajar en la estimación de nosotros mismos, y en las exigencias de nuestro egoísmo, hasta «el último lugar» (*Lc* 14, 10) que nos corresponde, y donde desgraciadamente, nuestra soberbia invencible nos mantendrá todavía muy por encima de Aquel que quiso ser «el último de todos, el oprobio de los hombres y la abyección de la plebe» (*Is* 53, *Salm* 21).

3. Será grande el provecho que saquemos de nuestras faltas, si nos hacen amar nuestra miseria; nuestro amable Santo, buscando siempre en la humildad el termómetro de la santidad, admite sin dificultad que un alma, utilizando así sus caídas, puede estar por encima de otra menos propensa a caer: «puede suceder que una Hermana que tropieza frecuentemente y comete muchas imperfecciones, sea más virtuosa y más agradable a Dios, o por su grandeza de ánimo que conserva en medio de sus imperfecciones, sin dar cabida a la inquietud y a la impaciencia, o por la humildad que de ello saca, o por su amor a su miseria, que otra que tenga una docena de virtudes naturales o adquiridas, con menos ocasiones de ejercitarse y trabajar, y por consiguiente, quizá con menos ánimo y menos humildad que la anterior, que es tan propensa a caer. San Pedro fue elegido para ser cabeza de los Apóstoles, aunque estaba sujeto a muchas imperfecciones, de manera que las cometía incluso después de haber recibido el Espíritu Santo; pero no obstante estas faltas, tenía siempre gran ánimo y no le causaban asombro, por eso nuestro Señor lo hizo su lugarteniente y le favoreció más que a todos los demás, de manera que nadie hubiese tenido razón para decir que no merecía ser puesto más alto que San Juan o que los demás Apóstoles» [60].

Santa Juana Francisca de Chantal gustaba repetir estas enseñanzas de su bienaventurado Padre: «Mi muy querida hija —escribía a la Herma-

---

[60] Plática IV. *De la Cordialidad.*

na F-A. de la Cruz, de Fésigny—, vuestros desalientos son una pura tentación, porque, decidme: ¿Qué provecho os reportan y qué motivos tenéis para ellos? ¿Pensáis que está en nuestro poder estar tan atentas a Dios que no cometamos ninguna falta? Para esto sería necesario ser un ángel; os ruego, pues, que soportéis la condición de esta miserable vida, pero sin ansiedades ni inquietudes, y cuando faltéis a la fidelidad, humillaos sin desaliento. Esa humillación y ese amor a nuestro propio menosprecio, con tranquilidad y sosiego, será más agradable a Dios que vuestras quisquillosas fidelidades.»

4. Nuestro Santo Doctor parece tener tal miedo de vernos descuidar las ocasiones de despreciarnos a nosotros mismos, que quisiera proporcionárnoslas incluso cuando nuestras faltas son dudosas. En estos casos, nos aconseja que nos inclinemos por lo más meritorio, es decir, por lo más desfavorable para nuestro amor propio y lo más útil y provechoso para la santa humildad.

«Como consejo general añado que, cuando no sabemos discernir si hemos cumplido nuestro deber y tenemos duda de si habemos ofendido a Dios, nos humillemos rogándole que nos perdone y pidiéndole más luces para otra vez; y olvidando totalmente lo que ha pasado, volvamos a nuestra tarea ordinaria. Ponerse a indagar con curiosidad e insistencia si hemos obrado bien o mal, proviene indudablemente del amor propio, que desea convencerse de que hemos respondido bien, cuando en realidad el amor puro de Dios nos está diciendo: —¡Qué miserable y cobarde has estado!

Humíllate, apóyate en la misericordia de Dios, pide siempre perdón, y así, haciendo un nuevo propósito de fidelidad, sigue adelante trabajando en tu aprovechamiento»[61].

Esto mismo dice el autor de la *Imitación*: «Señor, más provechosa me es vuestra abundante misericordia para alcanzar perdón de mis pecados, que mi pretendida justificación para defender lo oculto de mi conciencia.»

5. No es solamente en el fuero íntimo y oculto de nuestra alma, donde nuestras faltas, poniéndonos de manifiesto nuestra miseria, nos dan motivo para amarlas y humillarnos; con frecuencia, el prójimo es testigo de nuestras caídas, ve al descubierto nuestra fragilidad y nuestra miseria. Entonces, a la humillación interior se añade la humillación exterior. Debemos aceptar y amar lo mismo la una que la otra, y así podremos doblar la suma de nuestras ganancias espirituales. Así lo hacía el noble y piadoso personaje que varias veces hemos citado: «Ya sabéis —escribía a un amigo— mi último arrebato y fuisteis testigos de él... Mi consuelo es que caí en esta falta en presencia de mis amigos y así conocerán lo que soy. Me da mucha pena haber desagradado a Dios siendo infiel a su gracia, pero me alegro de la humillación y la acepto agradecido. La felicidad de ser tenido por vil en el concepto de los demás es grande, y es agradable para quienes con eso quieren ayudar a reparar la injuria hecha a Dios. Convencernos firmemente de que somos la pura nada y

---

[61] Carta a una señora, 808.

muy frágiles es el provecho que debemos sacar de nuestras imperfecciones. No sabéis lo útil que es para mí el que aparezcan mis miserias, pues esto me sirve para descubrir todas estas verdades. La verdad es que no soy más que nada, miseria, flaqueza, y en mayor medida de lo que yo puedo entender.»

No es posible practicar mejor los sublimes consejos del autor de Filotea. Por lo demás, con el tacto que distingue a este amabilísimo Santo, tiene cuidado de defender los derechos de la verdad, aconsejándonos no simular defectos, con el pretexto de buscar la humildad (a menos que se trate de una especial inspiración, como la tuvieron algunos Santos), y los derechos de la caridad, recomendando que se repare el escándalo y la ofensa que nuestra falta haya podido causar a nuestros hermanos. «Si por un arrebato de ira o de disolución he llegado a decir palabras inconvenientes, ofendiendo a Dios y al prójimo, me arrepentiré de todo corazón y quedaré lleno de pesar por esa ofensa, procurando repararla cuanto pueda; pero no dejaré por eso de abrazar gustosamente la humillación y el desprecio que para mí resulta, de manera que, si pudiera separar lo uno de lo otro, detestaría ardientemente el pecado y conservaría humildemente mi miseria»[62].

«Sin embargo, hija mía, fijaos bien en lo que voy a deciros: Aunque debamos amar la humillación que se sigue del mal, no por eso hay que dejar de poner remedio al mal. Tengo que hacer todo lo que esté en mi mano para curar la úlcera

---

[62] *Intr. a la vida devota.*

que tengo en la cara, pero mientras la tenga, aceptaré que los hombres se aparten de mí y la humillación que eso me proporciona. En cuanto al pecado, es preciso que guardemos con más rigor todavía esta regla; he caído en tal o cual desorden; me pesa; pero me conformo gustoso con la humillación que de ello me resulta, y si pudiera separar lo uno de lo otro, me quedaría con la humillación y rechazaría el mal del pecado»[63].

Y si nuestros esfuerzos para reparar la ofensa hecha a nuestros hermanos o el escándalo que hayamos podido darle, llegasen hasta reconquistar por completo su estimación y a levantarnos en su opinión tan altos como si no hubiéramos caído, en este caso, obligados por el deber de apartar «nuestra miseria de su vista, ocultémosla guardándola en lo íntimo de nuestro corazón»[64].

En todo cuanto la caridad y el deber del buen ejemplo pueda permitirlo, nuestro Santo no quería que nos privásemos de los beneficios de la humillación exterior: «Quisiera..., en lo que se refiere a nuestros defectos, que nos tomásemos el trabajo de ocultarlos; porque no somos mejores por no dejarlos aparecer. Vuestras hermanas no creerán por eso que no los tenéis; posiblemente las imperfecciones que tengáis encubiertas serán más peligrosas que si estuviesen al descubierto y os produjesen confusión, como se la produce a las que son más fáciles de dejarlas al descubierto. No debéis asombraros ni desanimaros cuando come-

---

[63] Carta a Santa Chantal, 100.
[64] *Intr. a la vida devota.*

téis imperfecciones a la vista de vuestras hermanas, sino por el contrario, podéis estar contentas de que os tengan por lo que sois»[65].

6. Incluso en el caso de tener algún cargo, aunque parece que el que lo desempeña debe cuidar de su reputación ante sus inferiores, el fundador de la Visitación, con la prudencia debida, quiere que se aproveche la humillación donde quiera que se encuentra:

«Me preguntáis... si la Superiora o la Directora no deberá mostrar resistencia a que las hermanas vean sus faltas, y qué es lo que debe decir cuando una hija vaya a acusarse con sencillez ante ella de algún juicio o pensamiento desfavorable que haya tenido; por ejemplo: si alguna ha pensado que la Superiora ha corregido con pasión:

»Pues os digo que lo que debe hacer en esa ocasión es humillarse y recurrir al amor de su miseria; y si la hermana estuviese un poco turbada al decir esto, la Superiora deberá aparentar serenidad, desviando la conversación y ocultando aquella humillación en su interior. Porque es preciso tener cuidado de que nuestro amor propio no nos haga perder la ocasión de ver que somos imperfectos y de humillarnos, y, aunque se omita el acto exterior de humildad por temor de apesadumbrar más a la pobre hermana que ya lo está bastante, no hay que dejar de hacer el acto interior; pero si, por el contrario, la hermana no estuviese turbada al acusarla, me parecería bien

---

[65] Plática IV. *De la Cordialidad.*

que la Superiora confesase con sencillez que había cometido una falta, si fuese cierto; si la hermana estuviese equivocada, es bueno que se le diga con humildad, pero guardando siempre como una joya preciosa, la humillación de que la juzguen imperfecta.

»Esta pequeña virtud del amor a nuestra humillación, no debe jamás alejarse ni un paso de nuestro corazón, porque tenemos necesidad de ella a cada momento, por muy adelantados que estemos en la perfección, tanto más cuanto que nuestras pasiones renacen algunas veces, incluso después de haber vivido largo tiempo dedicados a Dios, y después de haber hecho grandes progresos en la vida interior.

»Las hermanas no deben admirarse de que la Superiora tenga imperfecciones, ya que el mismo San Pedro, Pastor como era de la Santa Iglesia, y superior universal de todos los cristianos, cayó en una falta tan grande, que tuvo que ser corregido, como dice San Pablo[66]. Del mismo modo, la Superiora tampoco puede extrañarse de que vean sus faltas, sino que debe imitar la humildad y la sencillez con que San Pedro aceptó la corrección de San Pablo, no obstante ser superior. No se sabe qué es más admirable, si el valor de San Pablo al corregir a San Pedro, o la humildad con que San Pedro se sometió a la corrección que se le hizo por algo en lo que él creía haber obrado bien y con rectitud de intención»[67].

---

[66] *Gal* 2, 11.
[67] Plática XVI. *De las Aversiones.*

Santa María Magdalena de Pazzis, viendo un día la alta opinión que de ella tenía una de sus novicias, se puso a contarle entre sollozos sus faltas y sus tentaciones, y después de haberse presentado como la peor de las criaturas, añadió: «Os he dicho esto, hija mía, para que sepáis qué maestra os ha tocado en suerte. Si Dios no me hubiera traído a un claustro, hubiese acabado mis días en una cárcel o en un patíbulo; rezad por mí para que obtenga la salvación por la bondad gratuita de Dios.»

Más cerca de nosotros, por el tiempo y el lugar en que vivió, una digna hija de San Francisco de Sales, elevada al cargo de Superiora de un monasterio, decía confidencialmente a una de las hermanas: «Lo que me alegra es que mi condición de Superiora mantendrá en mí la santa humildad, porque mis numerosas faltas estarán más a la vista que en la oscuridad de una celda.»

Con mayor razón, el obispo de Ginebra quería que cuando se tiene la dicha de ser inferior, se abracen con decisión las humillaciones exteriores, y se burlaba duramente de las almas que en esto eran blandas y cobardes. «Soy despreciada y me enojo; esto mismo hacen los pavos reales y los monos. Soy despreciada y me regocijo; así obraban los apóstoles» [68]. «¿Sabéis lo que debemos hacer cuando somos corregidos y humillados. Tomar esta mortificación como una sabrosa fruta y guardarla en nuestro corazón, be-

---

[68] Carta a una Religiosa, 715.

sándola con toda la ternura de que seamos capaces»[69].

7. Creemos haber demostrado, con la doctrina de San Francisco de Sales, todo el provecho que nuestra santa humildad puede sacar de nuestras caídas. Haciendo que nos conozcamos mejor y amando nuestra miseria, pueden levantarnos desde el abismo que ellas mismas han abierto, hasta un alto grado de las más necesarias de las virtudes, y pueden llegar a ser para el alma el principio de un nuevo esplendor. Según el texto de Job (11, 17) y el pensamiento de San Bernardo, «el alma pecadora aparecerá tanto menos vil a los ojos de Dios cuanto más lo sea a los suyos propios, por el recuerdo de sus pecados»[70].

Debemos aprovechar así nuestras faltas y, como dice Fenelón, nos servirán rebajándonos a nuestros ojos más que las obras buenas consolándonos. «Las faltas siempre son faltas; pero nos colocan en un estado de confusión y de conversión a Dios que nos hace gran bien.»

«Hay algunas sustancias que aparentemente manchan los vestidos, y que sin embargo sirven para quitar las manchas. Este es el empleo que hacen los justos de sus pecados, al mismo tiempo que los detestan. Los utilizan para purificar su alma de la soberbia, que es el mayor de los pecados»[71].

Sepamos utilizar nuestras faltas de este modo, en cuanto las cometamos, al mismo tiem-

---

[69] Plática XI. *De la Obediencia.*
[70] *In Cant. Sermo X,* n. 5.
[71] P. GAUD, *Tratado de la Esperanza Cristiana.*

po que las borramos por la penitencia. Debemos igualmente utilizarlas cuando su recuerdo venga a entristecernos. Hay hierbas de muy mal olor, que después de bien secas, llegan a exhalar un aroma agradable. Hagamos lo mismo con los pecados de nuestra pobre vida.

DEBEMOS APROVECHAR NUESTRAS FALTAS PARA AUMENTAR NUESTRA CONFIANZA EN LA MISERICORDIA DE DIOS

1. Si nuestra miseria merece que la amemos porque nos obliga a rendir homenaje a la verdad, y nos facilita la imitación de las humillaciones del Verbo hecho carne, será todavía más amable para nosotros cuando la consideremos en sus relaciones con la infinita misericordia de Dios nuestro Señor.

Anteriormente ya hemos explicado que nuestras faltas no deben desesperarnos jamás ni desalentarnos, que siempre el dolor de haberlas cometido debe ir acompañado de una invencible confianza en la Bondad divina. Las consideraciones que vamos a exponer nos harán ver que nuestros pecados y nuestras imperfecciones, lejos de disminuir esta confianza, son uno de los elementos más fecundos de ella.

Acerca de esto, los textos de nuestro Santo son abundantes y claros, y no necesitan comentarios. Pero antes voy a tomar de otras fuentes algunas reflexiones, que son como una síntesis, y las pruebas teológicas de esta consoladora doctrina.

Dejemos que un eminente autor contemporáneo, ya citado, exponga y desarrolle en una página magnífica, llena de doctrina de Santo Tomás, el principio fundamental de este nuevo aspecto del arte de aprovechar nuestras faltas.

Dice Mons. Gay, refiriendo la frase de San Juan *Dios es amor* (4, 8): «Dios ama, Dios nos ama: nos ama porque es amor. Existir, amar, y ahora que existimos, amarnos es para Él una sola y misma cosa, una sola y misma necesidad. Así, pues, ¿no es la esperanza un deber para nosotros? ¿Podemos temer excedernos en la esperanza? ¿Tendrá excusa la desconfianza, si todavía la hay en nosotros?

»Diréis: pero existe el pecado. Por desgracia, es cierto; el pecado abunda por todas partes, y donde quiera que está plantea un problema, trae una complicación, levanta un obstáculo; problema para nosotros, complicación en nosotros, obstáculo ante nosotros; pero ¿acaso hay problema para Dios? ¿Se pueden poner dificultades en sus caminos u oponerle obstáculos? Si Dios quiere, se detiene, pero únicamente porque quiere, y pasa por donde quiere pasar.

»El pecado se opone a Dios porque le ofende, pero nunca le cambia. Dios modifica sus actos, pero no sólo no modifica su esencia, sino que ni siquiera cambia su disposición primordial y sustancial para con nosotros: el amor que nos tiene. Frente a nuestra nada, su bondad se convierte en amor; frente al pecado, su amor se convierte en misericordia; y con esto queda todo dicho. Queda todo dicho, pero con una condición: que el pecador tenga esperanza; en cierto sentido, nadie tiene tantos títulos como el pecador para esperar en Dios. No hay duda de que la Santidad divina tiene tal horror al pecado, que su Justicia se ve obligada a castigarlo con penas espantosas; pero, precisamente por eso, la Misericordia de Dios se conmueve más por ésta que por todas las otras desgracias que pudieran herirnos. Si se le mira por el lado de la pena que merece, el pecado es la pérdida de Dios, lo cual es el mal supremo y verdaderamente la miseria absoluta. ¿A dónde ha de ir la misericordia más grande, sino a la más grande miseria? Esta es la razón por la cual la Misericordia divina se mueve por sí misma, con el fin de que el pecador se arrepienta, tenga confianza, obtenga el perdón y se salve. De todo esto se deduce que la misma vehemencia de la cólera divina, es en Dios una fuente nueva y más viva de piedad y bondad; y es para todos nosotros un fundamento nuevo de esperanza»[72].

2. Probado de una manera tan clara que la Misericordia de Dios no es otra cosa más que su Bondad, es decir, la esencia misma de Dios en sus relaciones con la miseria de su criatura, ya se entrevé que cada una de nuestras faltas puede llegar a ser, si queremos, una ocasión nueva para que este atributo divino se manifieste.

«*Beati misericordes!* Al pronunciar esta bienaventuranza, se puede afirmar que el Hijo de Dios hecho Hombre nos ha revelado su propia bien-

---

[72] *La vida y las virtudes cristianas. La Esperanza.*

aventuranza y la de su Padre que está en los Cielos. Porque, si la misericordia, tal como puede practicarla un simple mortal, es para el que la practica un principio y una fuente de felicidad, ¿qué se podrá decir de la misericordia tal como Dios, y Dios sólo, sabe ejercerla, y qué fuente de felicidad no será incesantemente en el seno de la divinidad? *Bienaventurados los misericordiosos:* luego bienaventurado sobre todos aquel que es el único que tiene derecho a ser llamado *bueno: unus est bonus Deus* (*Mt* 19, 17). Aquel cuya esencia es la Caridad. Aquel cuya Misericordia y Bondad no tienen más límites que los límites de la misma eternidad: *Confitemini Domino quoniam bonus, quoniam in aeternum misericodia eius* (*Salm* 135). El rigor no es propio de la naturaleza de Dios. Cuando Dios cede a la cólera, hace una obra que le es extraña: *irascetur ut faciat... alienum opus eius* (*Is* 28, 21. Su mano izquierda tiene la vara de la justicia y Dios se cansa pronto de trabajar con esta mano: *peregrinum est opus eius ab eo (ibidem).* La mano derecha del Señor, al contrario, es el instrumento favorito de su corazón, ella es la que hace las obras de su amor... De un pecador ciego y empedernido, sabe hacer en un momento un penitente decidido: *haec mutatio dexterae Excelsi* (*Salm* 66, 2)»[73].

Aún hay más: la misericordia no se puede ejercer sino sobre la miseria; ¿qué miseria hay más horrible que el pecado? ¿Qué objeto hay más

---

[73] Homilía de Mons. Pie, en el día de Todos los Santos de 1871.

lastimoso para una piedad infinita? De nosotros depende que esas faltas que nos convierten en reos y víctimas de la cólera divina, sean delante de Dios como una ocasión para que Él manifieste un atributo que, según parece, le es más grato que la justicia: la bondad, el amor. De nosotros depende dirigirnos a su Corazón y decirle con David: *Vos me perdonaréis, Señor y borraréis mis faltas,* para glorificar más vuestra perfección más amada: la misericordia: *propter bonitatem tuam, Domine;* y la multitud misma de mis crímenes me hace esperar más mi perdón, porque cuanto más numerosos sean, más glorificaréis vuestra misericordia: *propitiaberis peccato meo, multum est enim (Salm* 24, 11).

Un antiguo escritor añade: «Dios es el Maestro que nos ha enseñado a no dejarnos vencer por el mal, sino vencer al mal con el bien (*Rom* 12, 21), a no devolver mal por mal, ni maldición por maldición (*1 Pdr* 3, 9), a colmar de beneficios a nuestros enemigos y acumular así carbones encendidos sobre sus cabezas (*Rom* 12, 20). *No es el discípulo más que su Maestro, ni el siervo es más que su Señor (Mt* 10, 24), y si vemos a los discípulos de ese divino Maestro practicar tan perfectamente esta lección, que no solamente se han mostrado llenos de benevolencia y de mansedumbre hacia sus injustos perseguidores y tiranos, sino que les han devuelto bien por mal, hasta incluso han dado su vida por salvarlos, ¿qué diremos del Maestro de quien estos santos recibieron y aprendieron una doctrina tan sublime?

»La caridad de todos los discípulos juntos, puesta en comparación con la de Cristo, no alcanza las proporciones de una gota de agua comparada con el océano. Si una chispa de caridad ha sido tan poderosa en ellos, ¿qué hará el incendio inmenso, infinito, de la suprema caridad de Dios?»

San Juan Crisóstomo exclama: «Jesús dice: *Si amáis a los que os aman, ¿cuál será vuestra recompensa? ¿Es que no hacen esto también los gentiles?* (*Mt* 5, 47). Y nosotros decimos de Dios: si sólo atiende, si únicamente socorre a los justos, que son sus amigos, ¿no faltará algo a su bondad?

3. La santidad infinita de Dios se une con su bondad, para estimularla a perseguir el pecado con su odio, y para perseguir todavía más al pecador con su misericordia. «Dios —dice el Padre Segneri— tiene al pecado tan gran horror, que, con el fin de arrancarlo de los corazones, no sólo se humilló hasta la muerte cuando vistió carne mortal, sino que, aun hoy día, glorioso como está en el Cielo, se humilla hasta suplicar: *Laboravi rogans* (*Jer* 15, 6). ¿Sabéis por qué? ¿Habéis observado alguna vez a un cazador cuando va a tirar sobre la pieza? Evita el menor ruido, se agacha, si es preciso se arrastra. ¿Para qué? Para cobrar la pieza. Pues bien: ése es el objeto de las súplicas del Señor, de su paciencia, de su calma, de su silencio cuando le ofendemos. No tiene más que una sola finalidad: matar el pecado, exterminarlo totalmente.

«Si el Señor precipitase inmediatamente en el infierno a toda alma que peca gravemente, no cabe duda de que mataría siempre al pecador, pero jamás exterminaría el pecado. Al contrario, el pecado se eternizaría con ese mismo castigo.

Precisamente porque el odio divino va directamente contra el pecado, y sólo indirectamente contra el pecador como consecuencia de ese pecado, Dios emplea tantas industrias; se humilla adelantándose amorosamente, con el fin de apartar el pecado del pecador y matar a aquél, salvando a éste, pierde al culpable solamente cuando la obstinación de su libre voluntad en no apartarse de la culpa no permite a Dios matar el pecado en el pecador y le obliga a matar al pecador en el pecado.

»Este es el motivo que anima a la Bondad infinita a esperarnos, a invitarnos a la penitencia, y a recibirnos. Por eso, David, conociendo esta disposición de Dios, se vale de ella de una manera singular exclamando: *Señor, tú me perdonarás de mi pecado, porque es grande —Tu propitiaberis peccato meo: multum est enim (Salm 24, 11)*. Los que no conocen este cálculo divino creerían haber llamado *grande* a la misericordia divina y no al pecado, excusando a éste y atenuándolo con toda clase de consideraciones, para pedir con más atrevimiento el perdón y obtenerlo más fácilmente. Pero David estaba mejor informado. Sabía que la enormidad del pecado es un motivo más para que la Bondad divina lo extermine con mayor satisfacción, y por eso se dirige a esa divina Bondad diciendo: *Enorme es mi pecado, multum est enim*, con el fin de obligarla a purificarle enteramente el alma. Es lo que hace un agricultor que ve su viña dañada por un jabalí: describe con los más negros colores la ferocidad y la fuerza del animal delante de un cazador, para animarle más a que lo persiga y lo mate. *Tu propitiaberis peccato meo: multum est enim*[74].

4. Si David empleaba ya este lenguaje con el *Dios de los ejércitos*, con cuánta más confianza no deberemos nosotros emplearlo con el Verbo encarnado para salvar a los pecadores, con Aquel que quiso desposarse con nuestra naturaleza *ut misericors fieret* (*Heb* 2, 17), para dar mayor amplitud y más generosidad a su misericordia. Bossuet no vacila en decir: «Siendo Jesucristo, como Hijo de Dios, la santidad por esencia, aunque le es muy agradable ver a sus pies a un pecador arrepentido, sin embargo ama con mayor amor a quien no ha perdido nunca su inocencia... Pero tomó otros sentimientos por amor nuestro, cuando se hizo nuestro Salvador. Dios prefiere a los inocentes; pero debemos regocijarnos, cristianos, porque el Salvador misericordioso vino a buscar a los pecadores; para los pecadores fue enviado»[75]. «Su vocación es ser Salvador», dice San Francisco de Sales[76].

Dios nos libre de decir exageraciones o paradojas; pero involuntariamente acuden a nuestra memoria las palabras de un obispo a unos misioneros que se lamentaban de los pecados con que se tropezaban en su ministerio: «¿Cuál sería vuestra razón de ser si no hubiera pecadores?» Permitid que os lo repitamos, Salvador nuestro Jesucristo, Sacerdote eterno: ¿Cuál sería la razón de

---

[74] *Cristiano istruito,* parte II, n. 16.
[75] Primer sermón sobre la Natividad de la Santísima Virgen.
[76] Sermón para el Viernes Santo.

ser de vuestra vida mortal y de vuestros inauditos sufrimientos, y para qué servirían vuestros sacramentos y vuestra Iglesia, si no hubiera pecados que perdonar? ¿Qué haríais de vuestra misericordia, si no hubiera miserables?

La alegría y el honor que el enfermo proporciona al médico a quien le confía sus llagas y su confianza en la curación, es la misma que el pecador le proporciona al divino Samaritano, ofreciéndole sus pecados para que los cure. Si bien Dios ha sido ofendido por la falta, el Salvador es glorificado por el perdón, que la destruye. Verdaderamente que parece, a juzgar por los favores con que inunda a los pródigos que a Él vuelven, que quiere darles las gracias por haberle proporcionado la ocasión de satisfacer sus deseos y las necesidades de su clemencia.

«¡Ea, pues, alma mía! Si estás enferma, te pido por favor que no tengas miedo de acudir al Médico; por el contrario, ve con tanta más confianza cuanto que ha sido por ti, por venir a ti, por lo que salió de su tálamo nupcial y ha marchado con pasos de gigante desde las alturas del Cielo (*Salm* 18). Ha venido para librarte de la enfermedad del pecado, porque sabía que el médico es necerario a los enfermos y no a los que están sanos (*Mt* 9, 12). ¡Locura funesta la de los pecadores que sacan motivos para huir del médico, de aquello mismo que debería darles más confianza para acudir a él! ¡Insensato el que tiene miedo de encontrar un enemigo indignado en Aquel que vino para curarle!»

El impío huye sin que nadie le persiga (*Prov* 28, 1). Es extraño que una persona huya sin que nadie la persiga; pero más extraño todavía es que el impío huya, cuando no sólo nadie le persigue, sino que la misma bondad divina lo está llamando, corre tras él para ofrecerle su misericordia, para ofrecerle el remedio de sus males, prometiéndole que le dará todo lo que pida para su eterna salvación.

Las apariciones y las revelaciones de Parayle-Monial proyectan una luz suave y encantadora sobre estos pensamientos. Un piadoso religioso dijo : «Después de la venida de nuestro Señor Jesucristo, la confianza es la virtud propia de los pecadores»; pero después de que el Corazón de Jesús se manifestó al mundo, esta confianza puede llegar hasta los límites de la audacia. ¿No es este Corazón divino el que respondió a la lanzada de Longinos derramando sobre él no sólo el perdón, sino la santidad y la gracia del martirio? ¿No alimenta este Corazón a los pecadores con la sangre que ellos hacen derramar, como el pelícano alimenta a sus polluelos en su propio costado, que ellos le abrieron [77]. ¿No quiso ser abierto, como dice San Vicente Ferrer, para mostrar a los culpables la fuente misma del perdón? ¿No es este mismo Corazón el que, desde el Sagrario, grita a todos: *Venid a mí todos los que estáis agobiados, y Yo os aliviaré* (*Mt* 11, 28)? ¿No está devorado por una sed insaciable de perdonar y de curar, y no apagamos esa sed suya llevándole nuestras faltas para que las perdone?

5. Es de observar que las almas iniciadas en

---

[77] Himno *Adoro te devote.*

los suaves secretos del Corazón de Jesús, se han convertido en los más celosos apóstoles de la confianza que debe tener el pecador y del arte de aprovechar nuestras faltas. En la vida de Santa Gertrudis hay muchos ejemplos, y Santa Margarita María repite con frecuencia: «El Corazón de Jesús es el trono de la misericordia, donde los mejor recibidos son los miserables, con tal que el amor les acompañe en el abismo de sus miserias. Cuando cometáis faltas, no os perturbéis por ello, porque esa inquietud y el excesivo apresuramiento alejan de nuestras almas a Dios y echan a Jesucristo de nuestro corazón; pidiéndole perdón, roguemos a su sagrado Corazón que satisfaga por nosotros y nos vuelva a la gracia de su divina Majestad. Hablad entonces con confianza al amabilísimo Corazón de Jesús: Pagad por vuestro pobre esclavo y reparad el mal que acabo de hacer. Transformadlo en gloria vuestra y en edificación del prójimo y salvación de mi alma.

»De esta forma, nuestras faltas nos sirven algunas veces mucho, para humillarnos y darnos cuenta de lo que somos, y hasta qué punto nos es provechoso estar escondidos en el abismo de nuestra nada.

»Después de haberos humillado, volved a comenzar de nuevo, a ser fiel, porque al sagrado Corazón le gusta esta manera de obrar que mantiene la paz en el alma.»

Reproduciremos un párrafo de una carta del Padre de la Colombière a un alma abrumada bajo el peso de sus faltas: «Si yo estuviese en vuestro lugar, me consolaría así: diría a Dios con gran confianza: Señor, ved aquí un alma que está en el mundo para que ejercitéis vuestra admirable misericordia, para hacerla brillar ante el Cielo y ante la tierra. Otras almas os glorifican con su fidelidad y su constancia, haciendo ver la eficacia de vuestra gracia, lo dulce y lo liberal que sois para quienes os son fieles; yo os glorificaré dando a conocer lo bueno que sois para los pecadores, y que vuestra misericordia es superior a toda la maldad, que nada es capaz de agotarla, que ninguna recaída, por vergonzosa y criminal que sea, debe hacer que un pecador se desespere de obtener el perdón. Os he ofendido gravemente, amable Redentor mío, pero más os ofendería si os hiciera el horrible ultraje de pensar que no sois lo bastante bueno para perdonarme. Vuestro enemigo y el mío me tiende cada día nuevos lazos, pero será en vano, porque me hará perderlo todo menos la esperanza que tengo en vuestra misericordia; aunque cayera cien veces, aunque mis crímenes fueran cien veces más horribles de lo que son, seguiría esperando en Vos. Después de esto, me parece que no me costaría trabajo nada de lo que pudiera hacer para reparar mi falta y el escándalo que hubiera dado..., luego volvería a empezar a servir a Dios con mayor fervor que antes, y con la misma tranquilidad que si nunca le hubiese ofendido»[78].

La venerable Madre María Sales Chappuis, cuya ocupación, según ella misma decía, era «sondear el Corazón de Dios», no dudaba en decir: «Aunque cada vez que respiramos cayésemos

---

[78] Carta 89.

en una falta, si otras tantas veces nos volvemos a Dios para volver a comenzar, nuestras caídas no nos dañarían. El Señor mira menos las faltas que el provecho que sacamos de ellas; si las empleamos para humillarnos ante Él y hacernos pequeños, bondadosos. Entonces no perjudican nada, ni debilitan su voluntad hacia nosotros. Es una gracia muy grande para un alma conocer sus propias faltas; este conocimiento la hace descubrir la bondad de Dios y el precio de los méritos del divino Salvador.»

CAPÍTULO IV

CONTINUACIÓN DEL ANTERIOR

1. Hemos visto lo que nos dicen la Teología y los Santos acerca de la confianza en la divina misericordia, que deben inspirarnos nuestras faltas.

Dejemos que ahora nos hable el Doctor de Annecy:

«Me preguntáis, queridas hijas mías, si un alma que tiene conocimiento de su miseria puede ir a Dios con gran confianza. A esto os contesto que no solamente el alma que tiene conocimiento de su miseria puede tener gran confianza en Dios, sino que no puede tener verdadera confianza, si no tiene conocimiento de su miseria; porque este conocimiento y confesión de nuestra nada nos acerca mucho a Dios. Por eso todos los grandes Santos, como Job, David y otros, comenzaban sus oraciones por la confesión de su miseria y de su indignidad; es una excelente cosa reconocerse pobre, vil y miserable, indigno de comparecer ante la presencia de Dios.

»Esa frase célebre entre los antiguos: Conócete a ti mismo, aunque se refiera al conocimiento de la grandeza y excelencia del alma, para no envilecerla ni profanar la con cosas indignas de su nobleza, se entiende del conocimiento de nuestra indignidad, imperfección y miseria; cuanto más miserables reconozcamos que somos, tanto más confiaremos en la bondad y misericordia de Dios, que la una no puede ejercerse sin la otra. Si Dios no hubiese creado al hombre, hubiera sido, no obstante, verdaderamente bueno, pero no hubiese sido actualmente misericordioso, por cuanto la misericordia no se ejerce sino con los miserables.

»Ya veis que, cuanto más miserables nos reconozcamos, más motivos tendremos para confiar en Dios, pues nada tenemos de nuestra parte para confiar en nosotros mismos. La desconfianza propia proviene del conocimiento de nuestras imperfecciones. Bueno es que desconfiemos de nosotros, pero ¿de qué nos serviría, si no pusiésemos toda nuestra confianza en Dios y no esperásemos en su misericordia?

»Las faltas y las infidelidades en que todos los días caemos deben causarnos vergüenza y confusión, cuando queremos acercarnos a nuestro Señor; así, leemos que ha habido grandes almas, como Santa Catalina de Siena y Santa Teresa de Jesús, que cuando caían en una falta sentían estas grandes confusiones, porque es razonable que habiendo ofendido a Dios, nos retiremos por humildad y permanezcamos confusos, como nos acontece cuando ofendemos a un amigo, que sentimos vergüenza de acercarnos a él. Pero no hay que estancarse aquí, porque estas virtudes de la humildad, de la confusión y del desprecio de sí son medios para subir hasta la unión con Dios. No sería gran cosa anonadarse y desprenderse de uno mismo (cosa que se hace por medio de los actos de confusión), si no se hiciese para entregarse del todo a Dios, como nos enseña San Pablo cuando nos dice: *Despojaos del hombre viejo y revestíos del nuevo* (*Col* 3, 9-10). Este pequeño retroceso no tiene más objeto que abandonarse mejor en Dios por un acto de amor y de confianza. Para concluir este primer punto, resumiré: es muy bueno sentir confusión, cuando tenemos el conocimiento y el sentimiento de nuestra miseria y de nuestra imperfección, pero no hay que detenerse aquí, ni caer en el desaliento, sino levantar el corazón a Dios con una santa confianza, cuyo fundamento debe estar en Él, no en nosotros; si nosotros cambiamos, Él no cambia jamás y sigue siendo siempre tan bueno y misericordioso, igual cuando somos débiles e imperfectos que cuando somos fuertes y perfectos.

»Acostumbro a decir que el trono de la misericordia de Dios es nuestra miseria. Así pues, cuanto mayor sea nuestra miseria, más grande debe ser nuestra confianza»[79].

2. «No tenéis motivo para dudar de que Dios os mira con amor, porque trata con amor a los más grandes pecadores del mundo, por muy poco que sea el deseo que tienen de convertirse, con tal que ese deseo sea verdadero. ¡Es un Corazón tan dulce, tan manso, tan condescendiente, tan amante de las criaturas miserables, si reconocen su miseria; es tan benigno con los pequeños, tan bondadoso con los penitentes! ¿Quién podrá no

---

[79] Plática II. *De la Confianza.*

amar a este Corazón de padre que siente un cariño de madre hacia nosotros?

»No deben agradarnos nuestras imperfecciones, y debemos decir con el Apóstol: ¡*Miserable de mí! ¿Quién me librará de este cuerpo de muerte?* (*Rom* 7, 24), pero tampoco deben admirarnos ni desalentarnos; debemos sacar de ellas sumisión, humildad, desconfianza de nuestras propias fuerzas, no desánimo, ni aflicción de corazón, ni mucho menos desconfianza en el amor de Dios hacia nosotros. Dios no ama nuestras imperfecciones ni nuestros pecados veniales, pero nos ama a pesar de ellos. Igual que la debilidad y enfermedad de un hijo desagradan a su madre, pero, a pesar de ellas, no deja de amarle, y lo ama con ternura y compasión, así también, aunque Dios no ama nuestras imperfecciones y pecados veniales, no deja por eso de amarnos tiernamente. Tuvo razón David para decir a nuestro Señor: *Ten misericordia, Señor, porque estoy enfermo* (*Salm* 6, 3).

»Pues bien, querida hija mía, estad contenta: nuestro Señor os mira, y os mira con amor y con tanta más ternura cuanto más enferma estéis. No permitáis nunca que vuestro espíritu alimente voluntariamente ideas contrarias a éstas, y cuando os asalten no os detengáis en ellas: apartad vuestra vista de su iniquidad, y volvedla a Dios con humildad valerosa, para hablarle de su bondad inefable con la que ama nuestra ruin, pobre y miserable naturaleza humana, a pesar de sus enfermedades»[80].

---

80 Carta a una Superiora de la Visitación, 428.

«Gloriaos de no ser nada; estad satisfecha de ello, pues así vuestra miseria sirve de objeto a la bondad de Dios para ejercitar su misericordia.

»Entre los mendigos, se tienen como los mejores y más aptos para conseguir limosna aquellos que son más miserables y cuyas llagas son más grandes y horribles. Nosotros somos también mendigos; los más miserables son de mejor condición: la misericordia de Dios los mira con más afecto.

»Humillémonos, os lo ruego, y no pregonemos más que nuestras llagas y miserias a la puerta del templo de la piedad divina; pero hacedlo con alegría, sintiendo el consuelo de ser pobre y viuda, para que el Señor venga a establecer su reino en vuestro corazón»[81].

«La exhortación más persuasiva que nos hacen los mendigos es exponer a nuestra vista sus úlceras y sus necesidades»[82].

«En cuanto a la absolución, que me pedís de vuestros pecados de tantos años, debéis saber, hija mía muy querida, que Dios por su bondad los ha borrado desde el instante en que quisisteis darle vuestro corazón, con la determinación que su inspiración os hizo tomar de no vivir más que para Él. Sin embargo, podéis repetir con gran provecho la súplica de aquel penitente que decía: *Señor, lávame todavía más de mi iniquidad, y lím-*

---

[81] Carta a Santa Chantal, 84.
[82] Carta a una Señora, 795. La Iglesia no tiene otra doctrina. En sus oraciones litúrgicas nos excita a presentar a Dios, a la Virgen María y a los Santos, nuestro título de pecadores, como el más apropiado para conseguir su protección.

piame de mi pecado (Salm 50, 4), con tal de que sea con verdadera y sencilla confianza en su soberana bondad, y os aseguro que no os faltará su misericordia»[83].

«Levantad con frecuencia vuestro corazón con santa confianza, mezclada de profunda humildad, hacia el Redentor, como diciéndole: soy miserable, Señor; tomad mis miserias en el seno de vuestra misericordia, y me llevaréis con vuestra paternal mano hasta el gozo de vuestra herencia; soy ruin y miserable, pero me acogeréis en el día de mi muerte, porque esperé en Vos, y he deseado ser vuestra»[84]:

«No os desaniméis; os pido por nuestro común amor, que es Jesucristo, que viváis completamente tranquila en medio de vuestras flaquezas. *Me gloriaré de mis flaquezas* —dice San Pablo—, *para que el poder de Cristo me sostenga (2 Cor 12, 9)*. Sí, porque nuestra miseria sirve de trono para hacer que brille la bondad soberana de nuestro Señor»[85].

«Querida hija mía, tened paz; no os inquietéis con vuestras imperfecciones, sino tened los ojos puestos en la infinita bondad de Aquel que, para conservarnos en su humildad, nos deja que vivamos en nuestras enfermedades. Poned toda vuestra confianza en su bondad y tendrá tanto cuidado de vuestra alma y de todo lo que a ella se refiere, que no os lo podríais imaginar nunca.

»Y si no habéis correspondido bien hasta aho-

---

[83] Carta a la señora de Aix, 889.
[84] Carta a una señorita, 829.
[85] Carta a una señora, 838.

ra, hay buen remedio correspondiendo bien en adelante. Vuestras miserias y flaquezas no os deben asombrar; Dios ha visto otras muchas, y su misericordia no rechaza a los miserables, sino que se ejercita en hacerles bien, sabiendo sacar de su mezquindad motivos para su gloria»[86].

«Nuestras miserias y flaquezas, por grandes que sean, no deben desalentarnos, pero sí nos deben humillar y hacer que nos arrojemos en brazos de la divina misericordia, la cual será tanto más glorificada en nosotros, cuanto mayores sean esas miserias nuestras, si sabemos levantarnos, cosa que debemos esperar con la gracia de nuestro Señor»[87].

3. San Francisco de Sales quería que las personas encargadas de la dirección de las almas cuidasen especialmente de levantar el ánimo y estimular la confianza. Por eso escribía a una Superiora, que llegó a ser tristemente célebre, a propósito de una joven que él le había confiado: «Sois un poco demasiado severa con esa pobre joven. No hay necesidad de reprenderla tanto, pues tiene buenos deseos. Decidle que por mucho que tropiece no se asombre ni se impaciente consigo misma; que vuelva su mirada hacia nuestro Señor, que desde el Cielo la ve como un padre a una hija que, todavía débil, está empezando a dar los primeros pasos, y le dice: "Despacio, hija mía". Y si cae la anima: "Te has caído, pero no importa, no llores", se acerca y le tiende la mano. Si esa jo-

---

[86] Carta a una señora, 406.
[87] Sermón para la fiesta de San Juan *ante Portam latinam.*

ven es una niña en humildad, y sabe que es una niña, no se asombrará de caer y no caerá de tan alto»[88].

El bondadoso Doctor daba instrucciones semejantes, y más concretas todavía, a los confesores. Después de recordarles que los penitentes les llaman con el nombre de «padre» y que deben tener un «corazón paternal, recibiéndolos con el máximo amor, a pesar de sus defectos», añade: «Aunque el hijo pródigo volvió harapiento, lleno de suciedad y hediondo por haber estado entre cerdos, su padre, sin embargo, lo abraza, lo besa amorosamente y llora sobre su hombro; porque era padre, y el corazón de los padres es tierno para el corazón de los hijos.»

Indica también el Santo la manera de recibir a un penitente propenso al desaliento y a la desesperación:

«Si le veis temeroso, abatido y con desconfianza de obtener el perdón de sus pecados, animadlo, haciéndole ver el gran contento que Dios tiene con la penitencia de los grandes pecadores; que cuanto mayor es nuestra miseria, más glorificada es la misericordia de Dios; que nuestro Señor pidió a su Eterno Padre por aquellos que lo estaban crucificando, para hacernos saber que, aunque le hubiésemos crucificado con nuestras propias manos, nos perdonaría con mucha liberalidad; que Dios tiene en tanta estima la penitencia, que la más pequeña del mundo, si es verdadera, hace que se olvide de toda clase de pecados, de

---

[88] Carta a la Madre Angélica Arnaud, 534.

manera que, si los condenados y los mismos demonios la pudieran tener, todos sus pecados les serían perdonados: que los mayores santos han sido grandes pecadores: San Pedro, San Mateo, Santa María Magdalena, David, etc.; y en fin, que el mayor agravio que puede hacerse a la bondad de Dios y a la muerte y pasión de Jesucristo, es no tener confianza de obtener el perdón de nuestras iniquidades; y que la remisión de los pecados es un artículo de nuestra fe, con el fin de que no dudemos de obtenerla, cuando recurrimos al sacramento que nuestro Señor ha instituido para este efecto»[89].

4. Es sabido con qué perfección San Francisco de Sales practicaba esta mansedumbre con sus penitentes. Penetrado de estos sentimientos, los llevaba él mismo a la práctica; sus contemporáneos y sus confidentes nos lo atestiguan: «Yo le oí muchas veces alabar la inclinación que tenía Santa Teresa a leer vidas de los santos que habían sido grandes pecadores, porque en ellas veía resplandecer la grandeza de la divina misericordia por encima de la grandeza de sus propias miserias.»

El Santo escribía a Santa Juana Francisca de Chantal: «No sé cómo estoy hecho: por más que me siento miserable, no me perturbo; e incluso muchas veces me alegro de serlo, pensando que soy una buena carga para la misericordia de Dios.»

Por último, el P. La Rivière dice, hablando del santo obispo: «No es posible expresar el dolor

---

[89] *Consejos a los confesores*, art. 2, § 3.

amoroso que sentía con cada falta, acompañado de un temor filial, de un sentimiento agridulce, de un abandono absoluto, y de una esperanza grande en la incomprensible bondad de Dios. Esta excelente persona había sido instruido por el Espíritu Santo, desde su más tierna juventud, a mirar a Dios, aunque caía en imperfecciones, como a un Padre soberanamente amable y benigno, que destruye hasta la última de esas imperfecciones, cuando se tiene arrepentimiento, que las anega en el océano de su misericordia, y que las consume con el fuego de su infinita caridad. De esto resulta que, si alguna vez tropezaba ligeramente y quebrantaba sus buenos propósitos, se reponía sin desalentarse ni impacientarse, dirigiendo una mirada a nuestro benigno Salvador con absoluta confianza»[90].

---

[90] *Vida del Bienaventurado Francisco de Sales*, lib. II, cap. 9.

Capítulo V

DEBEMOS APROVECHAR NUESTRAS FALTAS PARA AFIRMARNOS EN LA PERSEVERANCIA

1. La materia de este capítulo ha sido tratada implícitamente en las páginas anteriores: y, en realidad, no es más que la consecuencia de los dos últimos capítulos. Nuestras caídas, al proporcionarnos un conocimiento más acertado de nuestra flaqueza, y al darnos de algún modo mayores derechos a la divina misericordia, nos llevan de un modo natural a que estemos más en guardia y a que recurramos con humildad más confiada a Aquel sin el que nada podemos, y con el que lo podemos todo. Es sabido que la desconfianza en nosotros mismos y la confianza en Dios son dos prendas de victoria en el combate espiritual.

Además, nuestras faltas, en los designios de Dios, están llamadas a prestar a nuestra perseverancia servicios no menos señalados, desde puntos de vista especiales. En primer lugar, es evidente que deben hacernos más vigilantes; éste es uno de los sentidos que los intérpretes dan al texto sagrado: *Una grave enfermedad hace al alma sobria — Infirmitas gravis sobriam facit animam* (*Ecles* 31, 2).

«Sin duda —dice San Juan Crisóstomo—, debería bastarnos ver que los hombres muy superiores a nosotros en santidad no han estado libres de flaquezas, para hacernos más circunspectos, para andar con mayores precauciones, y para observar una mayor prudencia [91]. Pero nuestras desgracias personales nos proporcionan un mejor escarmiento. Nuestra naturaleza es así; tiene necesidad de tropezar ella misma con los escollos para enterarse de su existencia» [92].

Esta verdad está confirmada por el Espíritu Santo: *¿Quien no ha sido tentado, qué es lo que puede saber?* (*Ecles* 34, 9). Y un Padre, comentando este texto, dice: «Una felicidad tranquila es muy peligrosa; pero el temor de caer otra vez en los lazos en que antes se ha caído, hace al hombre más vigilante. Por eso, el marinero que se ha visto ya en peligro está más en guardia, y el recuerdo de un solo naufragio sufrido por su imprudencia la aleja, a veces para siempre, de los puertos peligrosos.»

Esta es la primera lección que nuestra vigilancia debe sacar de nuestras caídas: reconocer y combatir las causas, evitar la imprevisión y la ligereza; y, sobre todo, evitar las ocasiones voluntarias; éste es el demonio de los demonios, como se las ha llamado, y que tantas almas pierde. Los

---

[91] *Homil. VII de Poenit.*
[92] *Homil. IV de Poenit.*

navegantes tienen sus cartas marinas en las que señalan cuidadosamente los arrecifes de que tienen noticia; a la luz de nuestras faltas pasadas, hagamos también nuestra carta de navegación, en la que deben estar señaladas las causas de nuestras anteriores caídas, las inclinaciones, las ilusiones vanas, las faltas de precaución que han traído nuestros extravíos: instruidos por nuestra triste experiencia, evitaremos en lo sucesivo los escollos señalados por nuestros naufragios.

2. San Francisco de Sales no se olvida de darnos estos consejos: «He visto por vuestras cartas vuestras pequeñas caídas e imperfecciones, por las cuales ni usted ni yo debemos de ningún modo asombrarnos. Son pequeños avisos para que nos mantengamos humildes ante los ojos de Dios, y para que estemos despiertos mientras hacemos centinela en esta vida»[93].

«Las fiebres espirituales, así como las corporales, van ordinariamente seguidas de algunas molestias útiles para quien se cura por varias razones, pero principalmente porque destruyen los residuos de los humores malignos, que habían causado la enfermedad, hasta que no queda rastro de ellos; y porque nos traen el recuerdo de la enfermedad pasada, para que tengamos miedo a la recaída, en la que con frecuencia incurriríamos por excesiva despreocupación y libertad, si esos resabios no nos tirasen de las riendas, poniéndonos en guardia hasta que la salud esté bien consolidada»[94].

---

[93] Carta, 22-III-1614.
[94] Carta a una señorita, 811.

«Es preciso no olvidar jamás lo que hemos sido, para no llegar a ser peores»[95].

3. De este primer provecho que saquemos de nuestras faltas, resultará, naturalmente, otro segundo: la fidelidad a los medios para perseverar. Cada una de nuestras caídas será como un predicador irresistible de la necesidad de la gracia, y del deber de atraerla por medio de la oración y de la frecuente recepción de los sacramentos. Estos recuerdos humillantes despertarán nuestra somnolencia, y estimularán nuestro amor para servir a Dios y para conquistar la virtud.

San Juan Crisóstomo comprobaba este feliz resultado en su amigo Teodoro: «Así como el cazador, cuando sólo hace un rasguño en la piel del león, no consigue sino que se ponga más furioso e irresistible, el enemigo del género humano, intentando heriros, ha redoblado vuestra generosidad y vuestra abnegación para las obras buenas»[96].

San Epifanio expresa la misma idea con un apólogo: «Cuando el ciervo conoce que va siendo viejo, busca entre las rocas un nido de serpientes y metiendo en él el hocico, se traga uno de los reptiles; inmediatamente, con un esfuerzo reavivado por la mordedura venenosa, y estimulado por una sed abrasadora, se lanza a buscar un manantial de agua pura y, si lo encuentra antes de tres horas, bebe en él cincuenta nuevos años de vida.

---

[95] Plática XVI. *De las Aversiones.*
[96] *Ad Theod. laps.* lib. II.

De la misma manera, ¡Oh hombre espiritual!, si la serpiente del pecado ha entrado en tu corazón, corre a las fuentes de la gracia y en ellas, haciendo penitencia, no solamente será borrado tu pecado, sino que serán restauradas tus fuerzas» [97].

«El niño que cae por haberse separado un poco de su madre y haber querido andar solo, vuelve a ella con más amor para que le cure del daño que se ha causado, y aprende con su caída a no separarse ya más. La experiencia de su debilidad y de la bondad con que su madre le recibe le inspiran mayor apego a ella» [98].

4. Todos estos pensamiento, en el fondo, los encontramos también en nuestro Santo Doctor: «Tomad vuestro corazón y ponedlo suavemente en manos de nuestro Señor, suplicándole que lo cure; por parte vuestra, haced todo lo que podáis, renovando los propósitos, leyendo libros adecuados para vuestra curación, y empleando los demás medios convenientes; haciéndolo así, ganaréis mucho con vuestra pérdida y lograréis más salud con vuestra enfermedad» [99].

«En cuanto os deis cuenta de que os habéis descaminado, reparad la falta con cualquier acción contraria» [100].

«¡Dios mío! ¡Qué feliz es el reinado interior cuando en él reina este santo amor! ¡Qué bienaventuradas son las potencias de nuestra alma cuando obedecen a un Rey tan santo y tan sabio!

---

[97] *Fisiol*, cap. 5, *de Cervo*.
[98] P. Grou, *Manual de almas interiores*.
[99] Carta a una señora, 835.
[100] Carta a una Religiosa, 734.

No, amada hija mía, bajo su obediencia y en ese estado, Dios no permite que habiten los pecados, ni siquiera el más pequeño afecto a ellos. Es verdad que les deja acercarse a la frontera, con el fin de que ejercitemos en la guerra las virtudes interiores y así se hagan más valientes; y permite que los espías, que son los pecados veniales y las imperfecciones corran arriba y abajo en su reino, pero es para darnos a saber que sin Él seríamos víctimas de todos nuestros enemigos»[101].

«¿Qué queréis que os diga, amada hija mía, acerca de la reincidencia en vuestras miserias, sino que, cuando vuelve a atacar el enemigo, es preciso volver a tomar las armas y tener valor para combatir con más denuedo que nunca?... Pero, por Dios, guardaos bien de caer en la desconfianza, porque la bondad divina no permite estas caídas para abandonaros, sino para humillaros y hacer que estéis más fuertemente asida a la mano de su misericordia»[102].

«Querida hija, sucede a veces que, pensando que ya están completamente derrotados enemigos antiguos sobre los que habíamos conseguido victorias, de pronto les vemos reaparecer por donde menos los esperábamos. El mayor sabio del mundo, Salomón, que tantas maravillas hizo en su juventud, creyéndose seguro por la grandeza de su virtud y con la confianza en sus años pasados, cuando parecía estar libre de asaltos,

---

[101] Carta 764.
[102] Carta a una señora, 275.

fue sorprendido por un enemigo que, a su edad, parece que debía ser el menos temible, según el curso normal de las cosas.

»Es para que aprendamos dos lecciones muy señaladas: una, que debemos desconfiar siempre de nosotros mismos, andar en santo temor, pedir continuamente los auxilios del Cielo, vivir una humilde devoción; y la otra, que nuestros enemigos podrán ser rechazados, pero no muertos. Alguna vez nos dejan en paz, pero para volver a hacernos una guerra más cruda.

»Pero, a pesar de todo, no hay que desalentarse de ninguna manera... Estos pequeños descalabros nos hacen entrar en nosotros, considerar nuestra fragilidad y acudir con más fe a nuestro Protector. San Pedro caminaba muy seguro sobre las aguas; arreció el viento y las olas parecía que iban a tragárselo. Entonces exclamó: ¡Señor, sálvame! Y nuestro Señor, asiéndolo, le dijo: ¿Hombre de poca fe, por qué has dudado? En medio de las perturbaciones de nuestras pasiones, cuando estamos alterados por los vientos y tempestades de las tentaciones, es cuando llamamos al Salvador, pues si permite que seamos agitados, es para movernos a invocarle con mayor fervor»[103].

5. «Humillémonos mucho; confesemos que, si Dios no fuese nuestra defensa y nuestro escudo, seríamos inmediatamente heridos y traspasados por toda clase de pecados; por eso debemos estar pegados a Dios por medio de constantes

---

[103] Carta a una señora, 802.

prácticas de piedad, procurando que ésta sea nuestra mayor preocupación»[104].

«Aunque alguna vez tengáis sacudidas de amor propio, no os turbéis, porque Dios lo permite así para que os cojáis de su mano, para que os humilléis y le pidáis su ayuda paternal»[105].

«No tenemos por qué dudar de si tendremos la suficiente confianza en Dios, al experimentar las dificultades para guardarnos del pecado, o porque sintamos miedo de no poder resistir en las tentaciones. No. Porque la desconfianza en nuestras propias fuerzas, no es falta de resolución, sino verdadero reconocimiento de nuestra miseria y de nuestra flaqueza.

»Es mejor sentir la desconfianza de no poder resistir en las tentaciones, que sentirse seguro y presumir de tener fuerzas con tal de que lo que no esperamos de nuestras propias fuerzas, lo esperemos de la gracia de Dios. Es esto tan cierto, que muchos de los que alegremente se prometían hacer maravillas por Dios, cuando llegó el momento desfallecieron; y, por el contrario, muchos otros que desconfiaban de sus fuerzas y tenían miedo de faltar llegada la ocasión, hicieron por Dios actos verdaderamente heroicos, porque este sentimiento de su debilidad les movió a buscar ayuda del Cielo, y a vigilar, orar y humillarse para no caer en la tentación.

»Aunque no sintamos en nosotros ni fuerzas ni ánimo para resistir la tentación si se presenta-

---

[104] Carta 764.
[105] Carta a una sobrina suya, 308.

ra, con tal de que deseemos hacerle frente y esperemos en que Dios vendrá a ayudarnos, habiéndoselo pedido, no debemos contristarnos, pues no es necesario sentirse siempre con fuerza y ánimo, sino esperar y desear tenerlo en el lugar y momento oportunos. Tampoco es preciso sentir en sí señales de que tendremos valor, sino que basta esperar que Dios nos ayudará. Sansón, que era llamado *el fuerte*, no sentía nunca las fuerzas sobrenaturales con las que Dios le asistía, sino cuando llegaba la ocasión; por eso, se dice que cuando encontraba a los leones o a sus enemigos, el espíritu de Dios se apoderaba de él para matarlos. Dios, que no hace nada en vano, no nos da la fuerza y el valor cuando no tenemos que emplearlos, pero *jamás falla cuando llega la ocasión.* Por tanto, es necesario esperar siempre que nos ayudará en todos los casos, con tal de que le pidamos su auxilio. Y debemos decir siempre aquellas palabras de David: *¿Por qué estás triste, alma mía, y por qué me conturbas? Espera en el Señor (Salm* 42, 5), y la oración del mismo: *Cuando mi fuerza desfallezca, Señor, no me abandones (Salm* 70, 9)»[106].

«El gran secreto para mantenerse en una buena devoción es tener humildad. Sed humilde y Dios estará con vosotros, y apreciará vuestra buena voluntad, y se os entregará sin reservas, diciéndole desde el fondo de vuestro corazón que, si hasta ahora no le habéis servido bien, tenga la bondad de perdonaros y daros fuerzas para to-

---

[106] Carta a un noble, 836.

mar la resolución de desprenderos de todos los afectos del mundo, y de no apegaros a nada más que al amor de Dios y servirle fielmente con todo corazón... No debemos perturbarnos por nuestras ofensas, porque con frecuencia este divino Espíritu da con más liberalidad sus dones a quienes más avaros han sido en su corazón y en sus afectos» [107].

«Espero en nuestro Señor, que os tendrá siempre de su mano y, por consiguiente, no caeréis del todo; si alguna vez llegáis a dar una caída, será para que estéis más vigilantes, y para que os acordéis de pedir ayuda a este amoroso Padre celestial, a quien suplico que os tenga siempre bajo su santa protección. Amén» [108].

«Aunque fuésemos los más perfectos del mundo, no lo debemos creer así nunca, sino estimarnos siempre imperfectos. Nuestro examen no debe investigar nunca si somos imperfectos, ya que no debemos dudar de que los somos. De esto se deduce que nunca debemos asombrarnos de encontrarnos imperfectos, ya que en esta vida no nos veremos nunca de otra forma; y no debemos contristarnos por ello, porque no tiene remedio. Pero sí debemos humillarnos, para de este modo reparar nuestras faltas y enmendarnos poco a poco, porque este es el ejercicio para el cual se nos dejan nuestras imperfecciones y no tendremos excusa si no procuramos la enmienda; pero sí la tendremos, aunque no consigamos enmen-

---

[107] Carta a una señora, 882.
[108] Carta a una señora, 186.

darnos por completo, porque no es tan fácil evitar las imperfecciones como los pecados» [109].

6. Finalmente, el último provecho que hemos de sacar de nuestras faltas, desde el punto de vista que nos ocupa, se encuentra en el recuerdo de los remordimientos que nos han dejado, del tormento que nos han causado, y de las reparaciones que nos han exigido. Explotemos nuestra repugnancia a sufrir de nuevo estos disgustos, con el fin de preservarnos de nuevas recaídas, y, en el momento de la tentación, digámonos: Alma mía, acuérdate de la desazón que sigue a esas faltas, cuando otras veces has tenido la desgracia de cometerlas; recuerda el esfuerzo que te costó borrar sus huellas y reparar sus consecuencias. Acuérdate de las angustias que sufriste y te atormentaban, cuando sobre ti pesaban aquellos pecados; el terror que te infundía pensar en el juicio de Dios; la vergüenza por la que tuviste que pasar en el santo tribunal de la penitencia. Recuerda todo esto y evita volver a esos malos ratos, a esos tormentos, a esas humillaciones, siendo ahora generosamente fiel a Dios.

Estos motivos están lejos de ser perfectos, se inspiran más en el temor que en el amor; pero, sin embargo, pueden ser aprovechados en más de un caso y merecen ser enumerados entre las industrias del *Arte de aprovechar nuestras faltas.* Nuestro Santo no insiste en ellos, pero no los omite tampoco: «El amor, aunque es valiente, tiene algún trabajo en mantenerse firme por razón del

---

[109] Carta a una novicia, 45.

lugar donde radica, que es el corazón humano, voluble y sujeto a la rebelión de las pasiones; por eso el amor apela al temor para el combate y se sirve de él para rechazar al enemigo»[110].

[110] *Del amor de Dios*, lib. XI, cap. 17.

Capítulo VI

DEBEMOS APROVECHAR NUESTRAS FALTAS PARA HACERNOS MAS PIADOSOS

Este capítulo debe conducirnos a la conclusión final del *Arte de aprovechar nuestras faltas* para llegar a la cumbre de la perfección, que es el fervor en el amor divino.

Remitimos a los lectores que deseen conocer el misterioso génesis del amor por medio de la penitencia, a los últimos capítulos del segundo libro del *Tratado del amor de Dios*. Aquí basta recordar que la materia de la virtud de la penitencia son nuestros pecados, y se comprenderá fácilmente la utilidad que bajo este aspecto pueden proporcionarnos éstos.

La penitencia tiene varios actos. Vamos a considerarla en aquellos que se llaman *actos del penitente*, en el lenguaje teológico y popular; la confesión, la contrición y la satisfacción, y que son materia o, al menos, partes esenciales del sacramento de la reconciliación.

Nuestro Doctor nos da instrucciones profundas sobre cada uno de esos tres puntos, y a la luz de sus enseñanzas descubrimos los tesoros que nos proporcionan nuestras faltas, al ofrecernos la materia para esos actos de nuestras almas arrepentidas.

En primer lugar, con el acompañamiento de esfuerzos y con las bendiciones que atrae, la confesión se nos presenta como un medio poderoso para transformar nuestras caídas en fuentes de méritos.

«Este amoroso Corazón de nuestro Redentor mide y ordena todos los acontecimientos de este mundo para bien de las almas que, sin reserva, quieren corresponder a su amor divino... Es verdad, hija mía, que nuestras faltas son espinas mientras están en nuestra alma, pero en cuanto salen de ella por medio de la confesión voluntaria se convierten en rosas y perfumes; igual que nuestra malicia las trae a nuestros corazones, la bondad del Espíritu Santo las arroja de ellos» [111].

«Venenoso es el escorpión cuando pica, pero el aceite que de él se saca es un medicamento eficaz contra su misma picadura; el pecado es vergonzoso cuando lo cometemos, pero es honroso y saludable cuando se convierte en confesión y penitencia» [112].

«La confesión y la contrición tienen tanta hermosura y tanta fragancia que borran la fealdad y disipan el hedor del pecado. Simón el leproso decía que Magdalena era pecadora, pero nuestro Señor decía que no: para Él sólo contaban los perfumes que vertía y la grandeza de su caridad. Fi-

---

[111] Carta a una señora, 787.
[112] «Pro anima tua ne confundaris dicere verum. Est cens gloriam et gratiam» (*Ecles* 4, 24-25).

lotea, si somos de verdad humildes, nos desagradará infinitamente nuestro pecado, porque es ofensa hecha a Dios; pero la confesión de ese mismo pecado nos será consoladora y agradable, porque con ella honramos a la Majestad divina; ciertamente que sirve de consuelo decir con claridad al médico la enfermedad que nos atormenta. Cuando llegues a la presencia de tu padre espiritual, imagina que estás en el monte Calvario a los pies de Jesucristo crucificado, cuya sangre preciosa fluye por todas partes para lavarte de tus iniquidades: aunque no sea la misma sangre del Salvador, es el mérito de esa sangre derramada el que baña con abundancia a los penitentes en el confesonario. Abre del todo tu corazón, para que por medio de la confesión salgan los pecados; a medida que ellos vayan saliendo, irán entrando los preciosos méritos de la sagrada pasión para llenarte de bendiciones» [113].

«En la confesión, practicarás las virtudes de humildad, obediencia, sencillez y caridad, y en este acto de confesarte ejercitarás más virtudes que en cualquier otro» [114]. «La confesión y la penitencia honran al hombre infinitamente más de lo que el pecado lo había rebajado» [115].

«¡Dios mío! ¡Qué alegría para el corazón de un padre amoroso oír a su hija que se arrepiente de haber sido envidiosa y perversa! ¡Feliz envidia, que ha sido seguida de una confesión sencilla! Vuestra mano, al escribir esta carta, llevaba a

---

[113] *Intr. a la vida devota*, 1.ª parte, cap. 19.
[114] *Ibídem*, 2.ª parte, cap. 19.
[115] *Consejos a los confesores*.

cabo una hazaña más valiente que todas las de Alejandro Magno» [116].

El P. La Puente tiene sobre este punto consideraciones admirables. Hace notar los actos virtuosos que se multiplican con la confesión de nuestras culpas, e incluso la llama obra de virtud sobrehumana. Esto es, dice, lo que parece insinuar Job, cuando delante de Dios asegura que no ha sido nunca «*como un hombre que encubrió su pecado, ni ocultó en su pecho su iniquidad*» (*Job* 31, 33).

San Gregorio [117] afirma que muchas veces se necesita más valor para confesar un pecado que el que hubiera sido preciso para evitarlo; y es conocida la frase de San Agustín: «Dios acusa vuestras faltas; si sois vosotros quienes os acusáis, ya estáis unidos a Él.»

Cuando se piensa que un pecado cometido una sola vez puede llegar a ser, por acusaciones cien veces repetidas, la ocasión de virtudes y de méritos innumerables, se comprende que se pueda decir: *Felix culpa!* ¡Bendita culpa!

2. Estas mismas reflexiones se aplican con mayor fuerza todavía a la contrición. El autor del *Teótimo* nos descubre el papel que desempeña la divina caridad «con su amoroso dolor y su doloroso amor».

«La naturaleza, que yo sepa, nunca convierte el fuego en agua, aunque muchas aguas se convierten en fuego; pero Dios hizo esto una vez por

---

[116] Carta a la Madre Favre, 361.
[117] *Moral,* cap. 2.

milagro, según se escribe en el libro de los Macabeos [118]. Cuando los hijos de Israel fueron llevados cautivos a Babilonia, en tiempos de Sedecías, los sacerdotes, por consejo de Jeremías, arrojaron el fuego sagrado en un pozo seco que había en un valle; a la vuelta, los hijos de aquellos que lo arrojaron, lo buscaron por las señas que sus padres les habían dado, lo encontraron convertido en una agua muy espesa, la sacaron de allí y, vertiéndola sobre los sacrificios, como se lo ordenó Nehemías, en cuanto los rayos del sol la tocaron, se convirtió en un gran fuego.

»Teótimo, entre las tribulaciones y los llantos de un vivo arrepentimiento, Dios introduce muy de ordinario, en lo hondo de nuestro corazón, el fuego sagrado de su amor: después este amor se convierte en agua copiosa de lágrimas, las cuales, por otra nueva transformación, se vuelven a convertir en otro mayor fuego de amor. Así, la célebre amante arrepentida amó primero al Salvador, y este amor se convirtió en llanto, y este llanto en un amor más excelente, y por eso dijo el Señor que se le habían perdonado muchos pecados, porque había amado mucho; y como la experiencia nos enseña que el fuego convierte el vino en agua, que casi todos llaman aguardiente, la cual concibe y alimenta el fuego con tanta facilidad, que por eso la llaman *agua ardiente:* así también la consideración amorosa de la bondad que, siendo soberanamente amable, es ofendida por el pecado, produce el agua de la santa penitencia y,

---

[118] *2 Mac* 1, 19.

después, recíprocamente, de ella sale fuego del amor divino; bien la podemos llamar con propiedad *agua de vida y ardiente*»[119].

«Teónimo, te ruego que mires a la Magdalena, cómo llora de amor: *Se han llevado a mi Señor, y no sé dónde lo han puesto*, dice; pero cuando lo halló por sus llantos, lo tiene y lo posee por amor. El amor imperfecto lo desea y solicita; la penitencia lo busca y lo halla; el amor perfecto lo tiene y lo conserva. Igual que se dice de los rubíes de Etiopía, que tienen un color de fuego muy apagado y blanquecino, pero que, si se echan en vinagre, se encienden y brillan intensamente, así el amor que precede al arrepentimiento es, ordinariamente, un amor imperfecto, pero cuando se baña con la amargura de la penitencia, toma fuerzas y llega a ser un amor excelente»[120].

«No es razón que el pecado tenga tanta fuerza contra la caridad, como la caridad tiene contra el pecado, porque éste procede de nuestra flaqueza, y la caridad procede del amor divino. Si el pecado abunda en malicia para destruir, la gracia sobreabunda para reparar; y la misericordia de Dios, por lo cual se borra el pecado, se exalta siempre y se muestra gloriosamente triunfante contra el rigor del juicio con que Dios había olvidado las buenas obras que precedieron al pecado. Así siempre, en las curas corporales que Cristo nuestro Señor hacía por milagro, no sólo restituía

---

[119] *Del amor de Dios*, lib. II, cap. 20. Aquí el autor hace un juego de palabras con el nombre francés del *aguardiente* = *cau de vie*, «agua de vida» (*Is* 31, 6).
[120] *Ibídem*.

la salud, sino que añadía nuevas bendiciones, haciendo que el remedio excediese a la enfermedad: así de bondadoso es con los hombres»[121].

San Bernardo habla del perfume de la contrición *unguentum contritionis.* «Es aquel que elabora el alma envuelta en muchísimos crímenes, cuando poniédose a reflexionar sobre su conducta, recoge, reúne y tritura en el seno de su conciencia una infinidad de pecados de todas clases y, después, echándolos al fondo de un corazón inflamado, lo hace arder en cierto modo con el fuego del arrepentimiento y del dolor. Entonces puede decir con el Profeta: *mi dolor se renovó, se inflamó mi corazón dentro de mí, y en mi meditación se encendían llamas de fuego, cuando pensaba en mis crímenes pasados (Salm 38, 4)*»[122]. No es necesario ir muy lejos para buscar la materia de este perfume: la encontraremos sin trabajo en nosotros mismos y la recogeremos abundantemente en nuestro jardín, siempre que tengamos necesidad: a menos que nos forjemos ilusiones, ¿quién no ha cometido un gran número de pecados y de iniquidades?»[123].

4. Los sentimientos más vivos y más poderosos vienen a rodear al alma verdaderamente penitente, y a penetrar en ella por la brecha abierta por el pecado, para centuplicar en ella el amor hacia la Divinidad ultrajada: el sentimiento de ha-

---

[121] *Ibídem,* lib. XI, cap. 12.
[122] El Santo Cura de Ars decía: «Cuando pienso en estas hermosas oraciones (los Salmos), estoy a punto de exclamar: *Felix culpa!* porque si David no hubiera tenido pecados que llorar, no las poseeríamos.»
[123] *In Cant. Sermo X,* n. 57.

ber herido el corazón de Dios, el agradecimiento por su paciencia, por sus repetidos dones y por la efusión de su perdón, la necesidad de hacerle olvidar la infidelidad pasada, y un no sé qué, amargo y suave a la vez, que nos lleva a llorar con la Magdalena ante el Salvador, y a a llorar cada vez más, a medida que con mayor agrado nos permite que le besemos los pies y acoge con mayor misericordia nuestro arrepentimiento. ¿No hay en todo esto materia para encender en el alma contrita una llama de caridad que antes de cometer la falta no tenía? Si se mantienen estas disposiciones con el recuerdo de los pecados, ¿hasta qué qué incendios divinos se podrá llegar?

«Cuanto más nos sumergimos en el amor de Dios, más penetrante es este recuerdo y más estimula a amar a un Ser tan indignamente ultrajado.» La falta sólo ha durado un instante; este incendio puede durar toda la vida. Puede aumentar cada vez que volvamos a pensar en dicha falta. Más todavía, puede llegar a ser eterno.

En efecto, si todo recuerdo voluntario, con aprobación y complacencia, de una falta cometida es una nueva mancha, también es justo que cada vez que el alma justificada condena y se duele y reprueba sus antiguos pecados, sea recompensada con nuevos méritos. Como estas detestaciones se pueden multiplicar hasta el infinito, ¿hasta dónde alcanzará la posible suma de estos méritos?

Según costumbre inmemorial, no pasa un peregrino ante la tumba de Absalón, en el valle de Josafat, sin proferir una afrenta a la memoria de ese hijo desnaturalizado y arrojar una piedra contra su mausoleo. Bajo los guijarros acumulados por la indignación pública, este sepulcro de un malvado ha llegado a ser el monumento del respeto de los pueblos hacia el cuarto mandamiento: *Honra a tu padre y a tu madre.*

De la misma manera, cada una de nuestras faltas, si la hacemos objeto de incesantes sentimientos y pena por haberla cometido, puede servir de base a una montaña de méritos.

¿Quién es capaz de decir el valor y la fecundidad que a estos arrepentimientos añade la absolución sacramental, cada vez que sometemos a ella nuestros pecados pasados? No solamente la gracia santificante vuelve a florecer más abundante y espléndida, con aumentos proporcionados a las disposiciones del penitente, sino que la sangre de Jesucristo cubre como una púrpura divina el sitio de las manchas que ha borrado, y las sustituye por una savia de energía sobrenatural, frecuentemente más vigorosa que antes de la caída [124].

Es preciso colocarse en esta perspectiva, para comprender las frases, que parecen paradójicas, de quienes han tratado o hablan del arte de aprovechar nuestras faltas. Hay a nuestro juicio, en todos estos pensamientos, un océano infinito de consuelos. Se siente uno movido a aplicar al pecado lo que el Profeta Oseas y el Apóstol San Pablo dicen acerca de la muerte: *Ha sido absorbido por la victoria* [125], por la victoria del amor.

---

[124] Ver Cadernal Sforza-Pallavicino, *Arte de la Perfección cristiana,* lib. I, caps. IV y V.
[125] *Os* 13, 14; *1 Cor* 15, 54.

CAPÍTULO VII

DEBEMOS APROVECHAR NUESTRAS FALTAS PARA LA PRÁCTICA DE LA SATISFACCIÓN

1.   El amor no puede permanecer ocioso. San Gregorio dice: «Su testimonio son las obras», y, para producirlas, debemos utilizar el recuerdo de nuestras caídas. El fervor que el amor engendra no debe limitarse al sentimiento, debe reinar también en nuestra voluntad y fecundar nuestra conducta. Dice nuestro Santo: «La tristeza de la verdadera penitencia no se debe llamar tanto tristeza como disgusto, sentimiento y detestación del pecado; tristeza que jamás es enfadosa ni airada, ni entumece el espíritu, sino que lo hace activo y diligente; no abate el corazón, sino que lo levanta con la oración y la esperanza, y lo mueve a efectos de devoción... Es una tristeza atenta e inclinada a detestar, desechar y poner obstáculos al pecado, tanto al ya pasado como el por venir»[126]. «Nuestras imperfecciones... son un gran motivo

---

[126] *Del amor de Dios*, lib. XI, cap. 21.

de humildad, y la humildad produce generosidad» [127].

Este resultado de la verdadera penitencia tiene su principal palanca en el deber de la satisfacción. Satisfacer, según San Anselmo, es restituir a Dios el honor que le hemos quitado; según San Agustín, es destruir las ocasiones de pecado y cerrar la puerta del consentimiento a sus sugestiones. Santo Tomás [128] justifica estas dos definiciones y las concilia admirablemente; pero sea cualquiera la que adoptemos, nos indicará perfectamente el provecho que debemos sacar de nuestras faltas.

Si reflexionamos en la malicia, en cierto modo infinita, de la injuria hecha a Dios por el pecado, aun por el más pequeño, ¡qué cantidad de fervor puede ser suficiente para compensar los hurtos de gloria a la divina Majestad, de que hemos sido culpables! ¿No nos obligan nuestras faltas a una fidelidad tanto más generosa cuanto más considerable es su gravedad y su número, según la expresión del Profeta: *Convertíos al Señor, acercándoos tanto a Él como os habíais alejado?* [129]. Cada una de las criaturas que nos han servido para el mal pedirá prestada la voz a los pecados que nos han hecho cometer, para gritarnos: *Recédite, abíte, nolíte me tángere! ¡Atrás, retiraos, no me toquéis!* [130]; o por lo menos no me utilicéis en lo su-

---

[127] Carta 449.
[128] *Suppl.* c. XII, a. 3.
[129] «Convertimini sicut in profundum recesseratis» (*Is* 31, 6).
[130] *Trn* 4, 15.

cesivo, si no es para reparar vuestro criminal pasado. ¿No sentiremos la necesidad de «duplicar y aun triplicar en cierto modo las horas que Dios nos conceda todavía», con el fin de reparar el tiempo perdido? De aquí se deriva la paciencia para soportar las consecuencias humillantes o mortificantes de nuestros pecados; de aquí se derivan las santas industrias para vengar en nosotros, por medio de la mortificación, los derechos de Dios violados; de aquí se deriva, finalmente, el profundo interés por consagrarle todas nuestras facultades y todos nuestros instantes. Todo esto es lo que nos va a recomendar San Francisco de Sales:

2. «Mi muy querida hija, conservad la paz, no tengáis inquietudes; vuestras confesiones han sido buenas hasta el exceso. Pensad para lo sucesivo en adelantar en la virtud, y no penséis más en los pecados pasados, si no es para humillaros sosegadamente delante de Dios, y para bendecir su misericordia que os los ha perdonado por la aplicación de los divinos sacramentos» [131]. «Sabéis que vuestro retraso en el camino de la santidad es consecuencia de vuestra culpa; humillaos delante de Dios, implorad su misericordia, postraos en presencia de su bondad, pedidle perdón, confesad vuestra culpa, apelad a su gracia en los oídos mismos de vuestro confesor, para que recibáis la absolución; hecho esto, quedaos tranquila y, detestando la ofensa, abrazad amorosamente

---

[131] Carta a una señora, 585.

el pesar que sentís por la tardanza de vuestro aprovechamiento en el bien.

»Las almas que están en el purgatorio, Teótimo, están sin duda por sus pecados que han detestado y detestan soberanamente; pero sufren amorosamente el pesar y la pena, que sufren de estar detenidas en aquel lugar y privadas por algún tiempo del gozo del amor bienaventurado del Paraíso, pronunciando con devoción el cántico de la justicia divina: *Justo sois, señor, y vuestro juicio es recto* (*Salm* 118, 137).

»Pero si la empresa comenzada por inspiración no sale adelante por culpa de aquellos a quienes se confió, ¿cómo podremos decir en este caso que hay que conformarse con la voluntad de Dios? Se podrá decir: no ha sido la voluntad de Dios la que ha impedido la realización, sino mi culpa, la cual no ha sido causada por la voluntad divina. Es verdad, hijo mío, porque Dios no es autor del pecado; pero sí es voluntad de Dios que tu falta vaya seguida de la derrota y del fracaso en tu empeño, como castigo de tu culpa. Si bien su bondad no le permite querer tu falta, su justicia sí quiere la pena que sufres. Así, Dios no fue causa de que David pecase, pero le impuso la pena debida a su pecado; no fue causa del pecado de Saúl, pero sí de que, como castigo, fuese derrotado»[132].

3. San Francisco de Sales no quiere que nos contentemos con aceptar las funestas consecuencias de nuestras caídas, como castigo legítimo de

---

[132] *Tratado del amor de Dios*, lib. IV, cap. 6.

las mismas, sino que también quiere que las reparemos «apretando el paso».

«Pero, me diréis, ¿qué debemos hacer para recobrar el tiempo perdido? Hay que recobrarlo aumentando el fervor y la diligencia en correr nuestro camino, durante el tiempo que nos queda» [133].

Santa Juana Francisca de Chantal, como verdadera discípula del Santo, repetía muchas veces a sus hijas estas consoladoras palabras: «Me preguntáis ¿cómo podremos ver la voluntad de Dios en nuestras faltas e imperfecciones? Pues bien, hijas mías, porque siempre podemos ver su voluntad permisiva, que nos ha dejado caer en tales o cuales faltas, para que nos humillemos, para que nos acusemos y amemos nuestra miserable condición, y por medio de estos ejercicios reparemos nuestras faltas y obtengamos el perdón» [134].

Ésta ha sido la práctica de los Santos; dice San Ambrosio: «Se levantaban de sus caídas con más ánimos para nuevos combates, hasta tal punto que, lejos detenerles en sus caídas, sus faltas redoblaban su fervor» [135].

«Los hombres que se han precipitado en el mal, añade San Juan Crisóstomo, tendrán el mismo ardor para el bien; tanto más, cuanto que no ignoran la enormidad de sus deudas: *Ama menos aquel a quien menos se le perdona* (Lc 7, 47). Abrasados por el fuego de la penitencia, ponen su alma más limpia que el oro puro y, bajo el impul-

---

[133] Sermón para la fiesta de la Presentación.
[134] Intrucción XII.
[135] *De apologia David*, cap. 2.

so de su conciencia y del recuerdo de sus antiguas prevaricaciones, como ayudados por el soplo de un viento impetuoso, navegan a velas desplegadas hacia la virtud. En esto llevan ventaja sobre aquellos que nunca han caído... Que la penitencia confiere a los pecadores arrepentidos un esplendor considerable, lo hemos demostrado por la Sagrada Escritura: *los publicanos y las rameras os precederán y entrarán más alto que otros en el reino de los Cielos* (Mt 21, 31); por eso, muchas veces, *los últimos serán los primeros* (Mt 19, 30)»[136].

4. Se puede objetar que, si esto es así, parece que los pecadores arrepentidos llevan ventaja sobre los justos que no han pecado, y que la justicia restablecida lleva ventaja sobre la inocencia conservada. Está lejos de nosotros la intención de establecer un paralelo entre la virtud conservada intacta y la virtud reparada, ni de exaltar a esta segunda en detrimento de la primera. La inocencia se aproxima más de cerca a la santidad infinita de Dios, la imita con mayor perfección y será siempre muy amada por su Hijo, que la ha tomado por patrimonio suyo y de su Madre. Jamás el perfume áspero de la penitencia se parecerá al aroma puro de una vida inmaculada y, como el lirio entre las demás flores, la inocencia conservará siempre su especial perfume y su deslumbrante candor. Además, al perder la inocencia, el hombre pierde una dignidad que sólo a ella pertenece y que, una vez perdida, ya no se puede recuperar de ningún modo.

---

[136] *Ad Theod, laps.*, lib. I, cap. 2.

Sin embargo, sin recobrar la inocencia perdida, el hombre pecador y penitente, según la doctrina de Santo Tomás[137], se forma a veces un tesoro mayor, reconquista una fortuna más grande: *aliquid maius*, porque, dice San Gregorio (*Homil. de centum ovibus*), aquellos que reflexionan seriamente sobre sus extravíos pasados, compensan los estragos con ganancias subsiguientes, y son objeto de gran alegría en el Cielo; del mismo modo que, en una batalla, el soldado que después de haber retrocedido, vuelve a atacar al enemigo, es más apreciado por el capitán que aquel que ha permanecido fiel en su puesto, y que no se ha señalado por ningún acto extraordinario de valor.

Por su parte, el misericordioso Salvador tiene reservados tales favores para los culpables que vuelven a Él, cubre su penitencia con una efusión tan generosa de su preciosa sangre, sabe tan bien hacer que *sobreabunde la gracia donde abundó el pecado* (*Rom* 5, 20) que, según palabras de nuestro Santo, convierte «nuestras miserias en gracias, las espinas en rosas, el veneno de nuestras iniquidades en contraveneno para la salud; así Job, imagen del pecador penitente, recibe el doble de lo que había tenido»[138].

5. Aquí está, como ya nos lo ha dicho nuestro Doctor, el triunfo del amor. Un autor ya citado se preguntaba: ¿Hay alguna receta para recobrar el tiempo transcurrido? ¿Sería esto tanto como pretender encadenar el viento de las tempestades? Y él mismo se contesta: A Dios gracias,

---

[137] 3a q. 89, a. 3.
[138] *Tratado del amor de Dios*, lib. XI, cap. 12.

esa receta existe; el amor la ha inventado, el amor la ha revelado. Este secreto son las santas lágrimas, pero no las de los ojos, ya que éstas no las concede Dios a todos ni las exige a nadie, sino las lágrimas del alma, el arrepentimiento, el dolor del corazón, la contrición. Regad con ese llanto el espacio de vuestra vida que ha sido estéril, porque no quisisteis que el amor lo iluminase; y el amor vendrá llevado por esas aguas. ¿Quién sabe si delante de Dios esos años llorados no llegarán a ser más hermosos, más fecundos y más preciosos por la penitencia, que lo hubiesen sido por la inocencia? Podría ser que no tuvieseis que lamentaros de haber pecado como Magdalena, si lloráis como lloró Magdalena.

Este ejemplo de Santa María Magdalena confirma tan bien esta doctrina, que San Francisco de Sales saca un buen partido de él. Esto vendrá a ser el remate de las citas del amable Doctor, y el resumen de este capítulo.

6. «Magdalena se convirtió tan admirablemente que, de una criatura manchada y llena de suciedad como era, llegó a ser un vaso puro y limpio, adecuado para recibir el agua preciosa y aromática de la gracia con la que después embalsamó a su Salvador: la que, por sus pecados era una vasija de mal olor, llegó a ser por esta conversión como una flor de delicioso aroma. Y cuanto más agradable fue por el pecado, tanto más quedó purificada y renovada por la gracia, igual que las flores se desarrollan y obtienen su hermosura de una materia fétida y podrida, pues cuanto más estiércol tiene la tierra en que se producen, más crecen y más hermosas se hacen.

»Así esta santa, que estaba toda manchada por el pecado, llegó a ser tan bella, por la contrición y el amor con el que hizo penitencia, que podemos llamarla con justicia abogada de los cristianos e hijos de la Iglesia que, habiendo sido pecadores, no quieren morir en sus pecados, sino hacer penitencia de ellos; porque ella, que fue pecadora, según nos lo dice la Sagrada Escritura, *Mulier erat in civitate peccatrix* (*Lc* 7, 35), salió de su pecado y pidió perdón a su Dios con verdadera contrición y con un firme propósito de no volver a él, estimulando a todos los pecadores a seguir su ejemplo.

»Su penitencia fue grande y generosa; lloró muchas lágrimas por sus pecados... Así como había ofendido a Dios con todo su corazón, con toda su alma y con casi todos sus sentidos, así también se dedicó a hacer penitencia, y la hizo con todo su corazón, con toda su alma y con todos sus sentidos, sin reserva alguna; por eso se la puede llamar con razón abogada de los pecadores penitentes, porque a todos los superó en penitencia...

»Vemos ordinariamente que los hombres que han recibido alguna ofensa, quieren que se les dé una satisfacción proporcionada a la injuria que recibieron. En la antigua ley, el que daba una bofetada a su prójimo, estaba obligado a sufrir otra, y aquel que sacaba un ojo o un diente a su hermano, sufría la misma pena: *Ojo por ojo, diente por diente* (*Lev* 24, 20).

»Esta ley está ahora derogada entre los hombres, pero nuestro Señor nos pide que, en lo que podamos, compensemos la falta cometida, haciendo por Él tanto como hemos hecho ofendiéndole. No es sinrazón exigirnos esto, ya que, si hemos empleado en servir al mal nuestro corazón, nuestra alma, nuestros afectos, nuestros sentidos, es justo que, atraídos por la gracia, los empleemos y mortifiquemos en servicio del amor divino, sin reservas.

7. »En segundo lugar, Magdalena es también abogada de los justos; aunque no tenga el título de virgen, se merece ese nombre en razón de la perfecta pureza que vivió después de su conversión, y fue dotada de un amor en cierto modo mayor que el de los mismos Serafines, porque ellos tienen el amor sin trabajo, y sin trabajo lo conservan, pero la santa lo adquirió con muchos esfuerzos y cuidados, y lo conservó con temor y solicitud. Dios, en recompensa, le dio un amor firme y ardiente, acompañado de gran pureza...

»Por eso es abogada de los justos, porque nada podía hacerla más justa que este santo amor, con aquella gran humildad y compunción que la tenían siempre a los pies del Salvador, el cual la amaba con el tierno y delicado amor con que ama a los justos» [139].

8. En otro pasaje, San Francisco de Sales vuelve a tratar de la ilustre penitente, y confirma lo que antes hemos referido, con una frase magnífica: «Nuestro Señor restableció a Santa María Magdalena en la virginidad, no esencial sino reparada, la cual es a veces más excelente que aquella que, no habiendo tenido mancha, va acompañada de menos humildad» [140].

---

[139] Sermón para el día de Santa María Magdalena.
[140] Plática XIX. *De las virtudes de San José.*

Capítulo VIII

DEBEMOS APROVECHAR NUESTRAS FALTAS PARA AUMENTAR NUESTRA DEVOCIÓN A LA SANTÍSIMA VIRGEN

1. Cuando estábamos preparando la tercera edición de este libro, se nos ocurrió añadir un capítulo que sentimos vivamente no haber escrito antes. ¿Cómo se pueden cantar las misericordias divinas sin dedicar un himno a la que es Madre de las misericordias? No podíamos olvidar, estudiando el arte de aprovechar nuestras faltas en la escuela del más amable de los Santos, a quien es Refugio de los pecadores, cuyas bondades tanto ha celebrado el bienaventurado Obispo. No era suficiente haber tocado este punto a lo largo del libro: merece un capítulo aparte.

Estas reflexiones tomaron cuerpo en nosotros a los pies de Nuestra Señora del Puerto, en Clermont. En aquel antiguo santuario nos ha parecido comprender mejor que nunca que María es el Puerto de los náufragos, *Portus naufragorum*, y su estrella, *Amica stella naufragis*[141].

---

[141] Himno del Brevario.

San Francisco de Sales escribió: «La Santísima Virgen ha sido siempre la Estrella polar, el Puerto de refugio de todos los hombres, que han navegado por los mares de este miserable mundo... Los que dirigen su navío mirando a esta divina Estrella, se librarán de estrellarse contra los escollos del pecado»[142]; quienes, por desgracia se apartan de su dirección tutelar, no tienen más puerto seguro, en donde reparar sus averías y sacar provecho de ellas, que el Inmaculado Corazón de la más buena de las Madres.

Parece como que nuestro Santo nos impulsa a escribir este capítulo complementario, unirlo con una transición natural a las páginas precedentes, en las que nos ha presentado a Magdalena como abogada y modelo de los pecadores que desean aprovechar sus caídas, reparándolas al mismo tiempo.

2. En una carta a Santa Juana Francisca de Chantal, vuelve sobre el mismo asunto y, dando cuenta de su oración, en la que se vio trasladado a casa de Simón el leproso, dice: «Veía a nuestro Señor, que estaba muy contento; por respeto a Magdalena, no nos atrevimos a postrarnos a sus pies, ni a los de su Santa Madre, que también estaba allí; yo estaba muy triste porque no tenía tantas lágrimas, ni perfumes, como la santa penitente. Pero nuestra Señora se contentó con algunas lágrimas que cayeron en la orla de su vestido, ya que no nos atrevíamos a tocar sus benditos pies. Una cosa me consoló mucho: después de

---

[142] Sermón para la víspera de Navidad.

la comida, nuestro Señor entregó su amada penitente a su Madre; por eso vemos que, en lo sucesivo, apenas si se separó de Ella; y la Santísima Virgen acariciaba a esta pecadora. Esto me dio un gran aliento y muchísima alegría.»

En otra parte, dice: «¿Es que acaso no fue por mediación de la Virgen Santísima como María Magdalena, que era como un vaso manchado con toda clase de suciedades, fue después de su conversión contada entre el ejército de la pureza virginal?» [143].

Comunicad a todos los pecadores este estímulo, esta confianza optimista que inspira el recurrir a María. Convencedles de que si, a pesar de todas las razones expuestas en este libro, el exceso de su miseria les frena para arrojarse en el Corazón infinitamente bueno de Jesús, este mismo exceso debe ser para ellos un poderoso impulso que los lleve a los brazos de su Madre, que prodiga sus caricias más compasivas para quienes más enfermos están.

3. Nuestro Salvador ha querido que fuese así; se ha anticipado al temor que lógicamente debía inspirar a los culpables, por una parte, su divinidad, y por otra, su oficio de Juez, a pesar de todas las manifestaciones de su ternura. Sin dejar de ser nuestro abogado y nuestro mediador cerca de su Padre, se dignó poner entre Él mismo y nosotros una mediadora, una abogada a la que podamos acercarnos sin temor, puesto que es nuestra Madre, y que al mismo tiempo pueda

---

[143] Sermón para el día de la Anunciación.

obtener todo de Dios, puesto que es su Madre; Ella aboga cerca de su Hijo mostrándole el seno que lo alimentó, como el Hijo mismo cerca de su Padre mostrándole su Corazón y las Llagas que sufrió por nosotros.

Los testimonios de los Santos Padres son unánimes en afirmar que ésta es la economía del plan divino. Jesús solo, dicen, era suficiente para la restauración del género humano, puesto que de Él nos viene todo lo que es necesario. Pero era mejor que, habiendo concurrido hombre y mujer a nuestra ruina, también ambos concurriesen a levantarnos» [144]. El Redentor ha depositado en María el precio del rescate del género humano [145]. Ha querido que todo nos viniese por ella [146]. María es el acueducto por donde la gracia se derrama sobre nosotros, la escala que nos conduce a Dios, la puerta que nos da acceso a su Bondad, el medio por el cual descienden sobre el cuerpo entero de la Iglesia los méritos de su Cabeza. Nadie se salva, nadie obtiene perdón sino por Ella [147].

Como una nueva Ester, ha encontrado gracia ante el Señor por todos los hombres, y ha obtenido la mitad de su divino imperio. Ella tiene el cetro de la misericordia, mientras su Hijo sigue siendo Rey de Justicia [148].

María es la embajadora de la misericordia. La misericordia es su ministerio. A la Madre de Dios

---

[144] SAN BERNARDO, Sermón *de Assumpt, Virg.*
[145] IDEM, Sermón *2 de Nativ.*
[146] *Ibídem.*
[147] SAN GERMÁN DE CONSTANTINOPLA, *Orat. de Zona.*
[148] SANTO TOMÁS, *In Esther.*

deben acudir los que tienen necesidad de misericordia: y cuanto mayor sea su miseria, más motivos tienen para llamar a su corazón maternal.

El abismo llama al abismo (*Salm* 41) y, como
dice San Francisco de Sales, «nada es tan agradable a una liberal abundancia como una nece-
sitada indigencia; y cuanto más abundancia hay
de bondad, mayor es la inclinación a dar y a co-
municarse... y no se sabría decir quién siente mayor contento, si la bondad abundante y liberal
dando y comunicándose, o la bondad desfalleci-
da e indigente consiguiendo y recibiendo, si nuestro Señor no hubiera dicho que hay más felicidad
en dar que en recibir» [149].

4.   San Anselmo [150] va más allá. No vacila en
afirmar que muchas veces somos antes oídos invocando el nombre de María, que invocando el
nombre de Jesús. «No porque la Madre sea más
poderosa que el Hijo, añade, puesto que de Él tiene Ella todo su poder, sino porque, siendo Jesús
el Señor y el Juez de todos, discierne los méritos
de cada uno, y persiste en la justicia cuando di-
fiere oírnos, mientras que, al nombre de María,
su justicia satisfecha se aplaca, pues los méritos
de esta incomparable criatura intervienen para
obtenerlo todo.»

Otra razón extensamente desarrollada por los
antiguos autores y apoyada en las Sagradas Es-
crituras, cuyo comentario hacen, nos descubre
todavía con mayor claridad este encantador mis-

---

[149] *Del amor de Dios.*
[150] *De Excell. Virg.*, c. 6.

terio. En el Antiguo Testamento, dicen, Dios es llamado el Señor de los ejércitos, el Dios de las venganzas, el León de la tribu de Judá; se nos presenta rodeado de llamas, acompañado del trueno, precedido por el rayo, empuñando una espada amenazadora y lanzando flechas aceradas; Él es quien anegó la tierra con las aguas del diluvio e hizo llover azufre sobre las ciudades culpables; sumergió a sus enemigos en las aguas del Mar Rojo y los sepultó en el abismo abierto por su cólera.

Pero en el Evangelio este mismo Dios se nos presenta bajo el emblema de un cordero. No intenta siquiera romper la caña cascada, ni apagar la mecha que todavía humea. ¿Qué es lo que ha pasado?

Es que Dios se ha encarnado en el seno de María. Así como el sol, mientras recorre en el zodíaco los signos de Cáncer, Toro, Escorpión, Libra y León, nos envía fuego abrasador, que luego suaviza y transforma en rayos benéficos en cuanto entra en el signo de la Virgen [151], del mismo modo que el unicornio olvida su ferocidad salvaje y se amansa en cuanto apoya su cabeza en las rodillas de una niña [152]; así también el Sol de justicia se convierte en astro benéfico y cambia los rayos de su cólera en suave calor, desde el momento en que oculta su esplendor en las entrañas de la Virgen de Nazaret. La justicia queda

---

[151] San Antonino, 4.ª parte, tít. 15, cap. 21.
[152] Esta figura simbólica de las artes de la Edad Media se ve reproducida en los antiguos monumentos religiosos; por ejemplo, en el friso de la fachada norte de la catedral de Estrasburgo.

en el Cielo, *Iustitia de Coelo prospexit;* la miseri-cordia viene a habitar en la tierra, *Dominus dabit benignitatem;* se acabó la cólera y la indignación, *mitigasti omnem iram tuam, avertisti ab ira indignationis tuae,* cuando la tierra virginal de María dio su fruto: *terra dedit fructum suum (Salm* 83).

El León de Judá ha tomado en el seno materno de la más dulce de las mujeres —*inter omnes mitis*— la suave lana y la natural mansedumbre del cordero. Ha tomado, con la leche de su madre, la ternura de esta sencilla oveja. *Leche mejor que el vino,* dice un ilustre intérprete del Cantar de los Cantares, porque el vino puede embriagar a un hombre, hacerle perder la memoria de las injurias que ha recibido, y que le sea fácil perdonar; pero la leche de la Bienaventurada Virgen ha tenido como el poder de embriagar a Dios, pues cuando la bebió, bebió con ella la misericordia, arrojó lejos de sí el recuerdo de nuestros pecados, y se hizo pródigo en perdonar. Añade Ricardo de San Víctor: Sí, ¡Oh María!, creció la abundancia de la misericordia divina, y por Vos se derramó sobre nosotros [153]. La miel salió de la piedra, porque la vara de Jessé ha brotado la flor que produce este jugo suave, remedio de tantos males [154].

5. En el paso del mar Rojo, las olas furiosas sepultaron a los Egipcios, figura de los pecadores. El Arca no estaba allí. Sin María, todo es de temer de un Dios vengador, pero desde que habita en esta Arca de propiciación, nada hay que espe-

[153] *In Cantic.,* 2.ª parte.
[154] Hugo de San Víctor, *Miscel.,* n. 2, lib. IV, in tít. 26.

rar sino beneficios. Así, mientras Simeón está viendo al Mesías en brazos de su Madre, le proclama la salud de Israel, y, cuando lo toma en los suyos, reconoce en Él la causa de la ruina y de la resurrección de muchos (*Lc* 2).

Debes temer, pecador, si separas a Cristo de María, pero en los brazos de esta amable Reina ruégale sin desconfianza, porque es la misericordia sobre su pedestal, la flor sobre su tallo, el agua en su océano.

En el seno de su Padre, el Hijo de Dios hecho hombre tomaba los atributos de la paternidad divina; en el seno de su Madre se revistió de sentimientos maternales, y un teólogo célebre no duda en concluir, fundándose en un texto de San Ambrosio [155], que María engrandeció la clemencia del Dios que engendró, y que coronó su cabeza con diadema de eterna misericordia.

Fueron verdaderamente locas, añade este teólogo, las vírgenes del Evangelio, cuando se durmieron sin tener aceite en las lámparas, pero más locas fueron todavía cuando, rechazadas por el Esposo, no imploraron el socorro de la Esposa, es decir, de María. Gritaron: ¡*Señor, Señor, ábrenos!* Se dirigen al Juez y reciben de su justicia la respuesta justísima que merecían: *No os conozco.* Si se hubieran vuelto hacia la Esposa gritándole: ¡*Señora nuestra! ¡Señora nuestra!,* hubieran, al sonido sólo de este nombre, obtenido gracia.

6. Pecador, quienquiera que seas, aunque

---

[155] «Eum concepit et peperit Maria, et coronam capiti eius aeternae pietatis imposuit» (*De Inst. Virg.*, cap. 16).

estuvieras con un pie en el abismo, aunque la desesperación haya invadido tu corazón, mira a María, piensa en Ella [156], y recobrarás la inocencia y la paz. Nadie —la Virgen Inmaculada lo reveló a Santa Brígida—, a no ser que esté ya condenado, invoca este nombre con intención de dejar el pecado, sin que el demonio huya inmediatamente, y si, como dice San Francisco de Sales, un pajarillo, al pronunciar el nombre de María que aprendió a repetir en un monasterio, fue dejado en libertad por un gavilán que lo tenía ya en sus garras para despedazarlo, ¿qué culpable no podrá escapar de las garras de Satanás invocando este nombre omnipotente? Este nombre debe ser, según el texto sagrado, nuestra respiración, *spiraculum hominis*, porque, como dice un Santo Padre, por María respira el alma culpable y se abre a la esperanza del perdón.

7. Nadie podrá contar jamás las almas que la Madre de Dios ha devuelto a la vida divina. Para esto habría que enumerar todas las conversiones. No hay una sola que no se haya llevado a cabo sin su concurso maternal. Es imposible, dice San Ignacio Mártir, que se salve un pecador si no es por el auxilio de María. No es la justicia de Dios la que nos salva: es su infinita misericordia movida por las súplicas de María [157].

Nueva Ruth, añade San Buenaventura, recoge las espigas que han escapado a la solicitud de los segadores, es decir, las almas que han perma-

---

[156] SAN BERNARDO, *Hom. 2 supra Missus.*
[157] *Apud Celada, de Iudith figurata*, c. X, n. 69.

necido rebeldes a todos los demás llamamientos de la gracia, y las reúne y las coloca en el granero del Padre de familia.

Gracias a los ruegos de esta Virgen bendita, el ladrón del Calvario se hizo penitente y mártir, dice San Pedro Damián. El traidor Judas no se habría ahorcado si hubiese aplazado su suicidio hasta el momento en que Jesús, agonizante, confió los suyos a su Madre.

A Ella es a quien recurre el príncipe de los Apóstoles después de su triple negación; y San Gregorio Nacianceno nos la presenta en un poético lenguaje, diciendo entonces a su Hijo: ¡Oh Verbo de Dios!, propio es del hombre pecar: perdonad a Pedro. Y Jesús le contesta: Ya lo sabéis, Madre mía, siempre accedo a todos vuestros deseos; en consideración a Vos perdono a Pedro todas sus culpas. San Pablo, según afirman sus antiguos biógrafos, atribuía a la intercesión de la Madre de Dios el golpe de gracia que lo había transformado.

8. Si así fue la misericordia de María durante su vida en este mundo, ¿cuál no será ahora que reina en el Cielo?, dice San Buenaventura [158]. Ahora se multiplica en proporción con la multitud de miserables que ve sobre la tierra; la Iglesia misma así lo afirma: su oficio en el Paraíso es pedir por los pecadores [159].

¿Acaso no se les debe a ellos el aumento indefinido de su gloria? ¿Sería Madre del Redentor,

---

[158] *Spec.*, cap. 8.
[159] Secreta de la vigilia de la Asunción.

si no hubiese habido pecadores que redimir? «Ellos son, dice acertadamente M. Ollier, quienes han proporcionado a esta bendita Virgen la dicha de ser Madre del Salvador de los hombres, porque sin el pecado, Jesús no habría venido a este mundo asemejándose a la carne pecadora.» María es en cierto modo deudora a los pecadores de su cualidad de Madre de Jesucristo.

«Nosotros somos, dice Santo Tomás de Villanueva, como la ocasión de que haya sido elevada a esa dignidad. El Médico divino no habría tenido que bajar de los Cielos, si no hubiese tenido que curar en la tierra la enfermedad del pecado. María vino a ser Madre de Dios porque nosotros nos hicimos culpables [160]. Sin duda nada nos debéis, Virgen Bendita, puesto que no ha sido nuestro mérito, sino nuestro demérito, lo que ha dado ocasión a todo esto; pero en vuestra bondad, considerando vuestra grandeza, os acordáis de nuestra miseria. Verdaderamente seréis abogada de los pecadores, porque a causa de sus pecados habéis sido exaltada a tan grande altura. Aunque nuestro pecado nos inspira un vivo arrepentimiento, vuestra sublimidad nos es infinitamente agradable, y vuestra gloria compensa los daños que nuestras faltas nos han causado» [161].

---

[160] Esta es la doctrina de la escuela tomista. Según San Francisco de Sales, el Verbo se habría encarnado aunque el hombre no hubiese pecado; pero en esta hipótesis, habrían faltado a María las glorias que debe a sus dolores, de las que, en cierto sentido, es deudora a los pecadores.

[161] *Peccatores non exhorres*
Sine quibus nunquam fores
Tanto digna filio.

9. Un autor piadoso exclama: ¡Cómo voy a desesperarme, María, por muy grandes que sean mis crímenes, si sois Madre de todos, pero especialmente de los pecadores!

Los pecadores son los que proporcionan a esta augusta Virgen la reproducción incesante de las glorias y gozos de su divina maternidad, puesto que Ella engendra en ellos a Cristo tantas veces cuantas por su intercesión hace que vuelva a vivir en ellos.

En la conversión de cada pecador, cuando vuelve a nacer a la gracia, en la renovación de su filiación divina por su reincorporación al Salvador, en la hora en que es vivificado en Cristo (*Efes* 2), el Padre celestial le dice: *Tú eres mi hijo, yo te he engendrado hoy (Salm* 2), el Ángel de la guarda de este dichoso convertido puede, mostrándolo a María, saludarla con las palabras de Santa Isabel: *Bendito es el fruto de tu vientre*, porque de verdad es fruto de su vientre. Ella es tan Madre de los miembros, como lo es de la Cabeza del cuerpo místico de la Iglesia; ni un solo justo se forma sin que sea engendrado a la vida divina por la nueva Eva, verdadera Madre de todos los vivientes.

10. Un antiguo intérprete del Cantar de los Cantares, comentando el texto *Pasce haedos meos — apacienta mis cabritos*, no encuentra inconveniente en aplicarlo a María a propósito de los pecadores.

Los pecadores, dice, son justamente llamados el rebaño de María. No, desde luego, porque Ella los quiera así, destinados a ser colocados a la izquierda del Juez, sino porque Ella los adopta para asegurarles un lugar a la derecha, transformándolos en fieles corderos. Igual que sucede en el lenguaje corriente, que el médico llama *su enfermo* a quien, lejos de quererlo enfermo, pretende por el contrario curar. En esta comparación hay todo un mundo de sugerencias alentadoras para los pecadores, que de veras quieren volver a Dios.

Nada vale tanto como el candor de un alma inocente. Dichosos los que, semejantes a corderos sin mancha, merecen las caricias de la Virgen de las Vírgenes, una de cuyas advocaciones es la de Divina Pastora. Pero a los pecadores les queda un inmenso consuelo: confesándose dignos, por causa de sus crímenes, de estar a la izquierda del Juez, de ellos depende el recurrir confiados a María, entrar a formar parte de su rebaño y convertirse pronto en corderos.

La salud es siempre más apreciada que la enfermedad; dichoso el que no necesita del médico. Pero cuando uno está enfermo, pone toda su confianza y toda su alegría en recibir los cuidados de un médico famoso y competente, en ser su cliente, en contarse entre *sus enfermos.*

Por muy enfermos que estemos, por desesperado que parezca el estado de nuestra alma, si queremos sanar, María nos adoptará por *enfermos suyos.* Y como no hay enfermedad espiritual que sea incurable en esta vida, como ninguna puede resistir al tratamiento de la omnipotente Madre de Dios, Ella nos curará. Su gloria, como la de un médico hábil, brillará en proporción con la gravedad de los males de que nos haya salvado.

Después, una vez curados y arrancados a la muerte, mientras duren los peligros de una convalencia, que será tan larga como nuestra vida, esta dulce Madre no dejará de amarnos siempre y velará sobre nosotros, como un médico sigue cuidando a sus enfermos después de su curación. Tendremos un título más para reclamar su protección. Su honor estará interesado en que perseveremos en el estado de gracia que nos ha devuelto al precio de sus súplicas y de sus dolores.

Ingratos a sus cuidados, ¿caeremos otra vez en el pecado? El médico no abandona a *sus enfermos* cuando tienen alguna recaída, ni se venga de ellos por haber sido indóciles para seguir sus prescripciones. ¿No redobla, por el contrario, las industrias de su talento y su abnegación para lograr una curación que se ha puesto más difícil?

11.   Madre bondadosísima de Aquel que ha dicho *No son los que están sanos los que tienen necesidad de médico,* y en otra ocasión *Perdonad setenta veces siete,* ¿cuándo podrán nuestras caídas agotar vuestro poder y la ternura de vuestras solicitudes y cuidados? Según dice San Buenaventura, vais a buscar al pecador que todos han rechazado, lo abrazáis, lo reanimáis y le dais calor, y no descansáis hasta que lo habéis curado.

Yo también soy vuestro enfermo, salvadme: *tuus sum ego, salvum me fac* (*Salm* 118). Este será mi grito de esperanza todos los días que dure mi destierro. Mientras más me acuerde de mis caídas pasadas, más me acordaré de Vos, que habéis tenido el poder y la bondad de levantarme de ellas; y mayor será mi seguridad de que no me abandonaréis mientras dure mi convalecencia.

Mi agradecimiento por vuestros cuidados, y

el deseo de poner de manifiesto vuestro poder, me ayudarán a seguir vuestros consejos. Os amaré, *os glorificaré, porque me habéis sacado de lo más profundo* (*Salm* 85). Y al fin en el Cielo, ocupando tímidamente mi sitio, entre el número de quienes os deben su salvación porque en medio de sus miserias pusieron en Vos todas sus esperanzas, seré vuestra gloria, como un enfermo es la gloria del médico que lo ha salvado de las puertas de la muerte, no una vez, sino muchísimas. Entonces —y éste será el mejor fruto que haya producido la gracia—, mis faltas mismas serán el pedestal de vuestra glorificación y, al mismo tiempo, el trono de las divinas misericordias que quiero cantar eternamente: *Misericordias Domini in aeternum cantabo* (*Salm* 88).

ÍNDICE